Basics of Verbal Aspect in Biblical Greek

성경헬라어 동사 상의 기초

콘스탄틴 캠벨(Constantine R. Campbell)

이 상 일 역

나의 부모님

존 캠벨과
맬러매터니 캠벨께

John
and
Malamatenie Campbell

차 례

저자 서문

오랫동안 학자들은 "동사 상(aspect 相)"을 연구해왔다. 19세기 중엽 이래로 언어학자들은 동사 상에 관심을 가지고 있었고, 그 학자들 중에는 고전 헬라어를 연구하는 학자들도 있었다. 그래서 이러한 연구가 최근에 나타난 일시적인 유행과 같은 것은 아니다. 그러나 이 연구가 그토록 오래된 것임에도 불구하고, 헬라어를 배우는 학생들이 동사 상을 잘 알거나 이해하지 못한다는 것은 무언가 문제가 있다. 심지어 헬라어를 잘 아는 교수들이나 학생들 사이에서도 동사 상이란 "저 건너편에 있는 어떤 것"으로 보편적으로 인식되고 있다. 그 이유는 동사 상은 다루기 힘들고, 알 수 없고, 약간의 두려움마저 느끼게 한다는 것이다.

헬라어를 가르치거나 연구할 때 동사 상에 대한 연구가 정식으로 포함되어 있지 않은 가장 설득력이 있는 이유로는 지금까지 그 주제를 다룬 책들이 너무 전문적이거나 또는 어느 정도 논쟁의 여지를 남겨 놓았기 때문이다. 심지어 학생들이 그 주제에 대해 쓴 두꺼운 책들을 읽으려고 온갖 노력을 다 했음에도 불구하고, 구체적으로 번역과 주해에 도움이 될 만한 실제적인 결과가 여전히 뚜렷하게 제시되지도 않고 있다.

연구의 많은 영역들이 그렇듯이, 동사 상에 대한 여러 가지 이슈들이 학계에서 완전히 해결되지 않았고 여전히 논쟁 중이지만, 학생들 수준에서 동사 상에 대해서 가르쳐야 할 필요가 있다는 공감대가 널리 형성되고 있다. 또한 동사 상에 대한 기초적인 지식을 습득하는 것만으로도 헬라어 본문의 주해와 번역에 관심이 있는 사람들에게 충분한 도움을 준다. 이것을 이루기 위해 내가 한 동안 생각했던 것은 헬라어 동사 상에 대한 입문서(개론서, 교재, 비전문가들을 위한 책)가 우리에게 정말 필요하다는 것이다. 이 책에서 제공하고자 하는 것이 바로 그것이다.

이 책을 출판하는 데 같은 비전을 가진 존더반 출판사에 감사한다. 특별히, 벌린 벌브러게에게 많은 도움을 받았다. 벌린은 처음부터 끝까지 뜨거운 열정을 보여주었고, 아주 세심하게 편집작업을 해 주었기 때문에 깊은 감사를 드린다. 그가 없었다면 이 책이 나오지 못했을 거라고 말하는 것이 정확할 것이다. 이 책의 초고에 대해서 통찰력 있는 비평을 해준 모세 실바 교수에게도 당연히 감사를 드린다.

이 책의 출판을 위해서 수 많은 사람들이 다양한 방법으로 도움을 주었다. 무어 대학교(Moore College)의 교수들과 학생들은 이 책의 초기 자료들을 만들고 발전적으로 고치는 데 도움을 주었다. 특별히, 나와 함께 동사 상을 가르쳤던 리차드 깁슨 교수에게 감사를 드린다. 그의 교육적인 제언들과 통찰력은 내가 학생들을 가르치는 수준을 적절하게 조절하는 데 큰 도움이 되었다. 역시 나와 함께 가르쳤던 빌 셀리어 교수와 필립 컨 교수에게도 감사를 드린다. 이 프로젝트를 통하여 후원하고 도움을 주었던 피터 볼트, 브라이언 로즈너, 피터 오브라이언과 같은 교수들에게도 감사를 드린다.

동사 상을 가르치는 것을 다양한 방법으로 여러 가지 질문들과 제언들을 제공함으로써 한층 더 잘 다듬을 수 있도록 도움을 준 무어 칼리지 재학생들과 졸업생들에게도 감사를 드린다. 또한 그 문제들과 씨름했던 학생들의 열정과 수고에 감사 드린다. 특별히, 앤쏘니 커, 나오미 아일랜드, 벤 허드슨, 크리스 스파크, 릭 홀, 비비안 청, 피터 오르, 조나단 하우어스, 크리스 스완, 스코트 로벨, 존 밭틱, 조니 깁슨, 앤-소피 로우크로프트, 마이크 서던, 벤 메이, 스티븐 벨, 크리스턴 슬랙, 버니 케인에게도 감사 드린다.

늘 감사 드리고 싶은 사람은 아내 브론윈과 우리 아이들 재스민, 싼테, 그리고 루카스이다. 이 프로젝트를 잘 마칠 수 있도록 그들은 인내와 사랑으로 잘 참아주었다.

이 책은 나의 부모님인 존 캠벨과 맬러매터니 캠벨에게 바치고 싶다. 한 분은 헬라어에 특별한 관심을 가지고 계시고, 다른 한 분은 신약에 관심을 가지고 계신다. 두 분 다 내 인생의 스승이시다.

오직 하나님께만 영광

역자 서문

대부분의 인구어(Indo-European languages)는 동사 중심의 언어라 할 수 있다. 인구어에 속하는 헬라어도 동사가 중요한 역할을 차지한다. 그 예로 기초 문법서들의 목차를 보면 3/4 정도가 동사(정동사와 준동사)와 그 상당어를 다루고 있음을 볼 수 있다. 또한 동사에 있어서 가장 문제가 그 동사의 시제와 상이다. 시제는 어떠한 일이 발생했는지 발생하지 않았는지, 있었는지, 있는지, 있을 것인지를 다루기 때문에 어떠한 상황의 유무에 대한 판단을 할 수 있는 중요한 해석의 문제를 야기한다. 게다가, 동사의 상도 이 동사의 성격이 어떠한지를 보여주기 때문에 번역과 해석에서 지대한 영향을 미친다.

본 개론서는 동사의 상에 대한 문제이다. 동사의 상은 동사의 시제와 밀접한 관련이 있다. 1989년에 스탠리 포터 그리고 1990년에 부이스트 패닝은 동사의 상에 대한 문제를 직접적으로 광범위하게 다루면서 학자들의 관심을 촉구했다. 포터의 경우 헬라어는 상적인 언어이고 시제는 없다고 극단적인 주장을 펼쳤다. 그러나 패닝은 상을 우세한 것으로 보면서 시제도 중요한 범주로 간주한다. 이런 와중에 저자는 상을 헬라어 동사 체계에서 주요한 기능으로 보고 시제도 중요한 범주로 생각하면서 동사의 동작류에 대한 강조를 한다.

저자의 제안들 가운데 특별히 주목할 만한 것은 완료 시제다. 저자는 현재완료 시제를 상으로는 미완료상으로 설명하고, 현재시제나 과거시제같은 시제적인 설명보다는 '강화된 근접성' 이라는 측면으로 설명하면서 초-현재시제에 가깝다고 제시한다. 또한 과거완료 시제의 경우, 상으로 볼 때는 미완료상으로 분류하고, 시제로 볼 때는 미완료과거 시제와 같은 기능을 하며 원격성으로 볼 때는 강화된 원격성을 가지고 있다고 제안한다.

이 책에 사용된 언어학적인 용어들을 잘 이해할 수 있도록 저자의 상 번역 어휘집이 책의 마지막 부분에 있다. 그리고 독자들의 이해를 돕기 위하여 한영 언어학 전문용어 대조를 마지막에 실었다. 책의 본문에 나오는 헬라어는 N-A 28판이며 한글 번역은 특별히 수정이 필요하지 않는 한 개역개정을 따랐다.

이 책은 성경 헬라어 동사 상에 대한 입문서로서 적당한 책이다. 분량이 너무 많지도 않고 내용도 너무 전문적으로 들어가진 않는다. 그러나 우리가 원어 성경을 번역하거나 주해를 할 때 동사 상과 관련하여 필요한 지식을 충분히 제공한다. 이 책을 통하여 한국의 독자들이 헬라어 성경의 의미를 더욱 정확하게 이해할 수 있게 되길 바란다.

서론: 동사 상과 주해

왜 동사 상(Verbal Aspect)인가?

이 책의 독자들 가운데는 이 책 전체를 다 읽어야 한다고 격려해야 할 필요가 없는 사람들도 있을 것이다. 그들은 성경 헬라어를 공부할 때, 동사 상도 연구해야 한다는 사실을 안다. 그들은 동사상이 논란의 여지가 있는 연구 분야이긴 하지만 주해할 때 광범위한 함의를 내포하고 있을 가능성이 있다는 것도 역시 이해하고 있다. 그들은 또한 동사 상과 관련된 대부분의 출판물들은 ***전문가들을 위해서*** 전문가들이 썼다는 사실도 안다. 그리고 비전문가들에게는 동사 상이라는 주제가 상당히 혼동을 가져온다는 것도 안다. 그러나 비전문가들도 역시 동사 상에 대해서 이해하고 싶어한다. 그들은 그 주제를 둘러싼 논쟁이 왜 그렇게 복잡한지 그리고 그것이 왜 문제가 되는지를 알고 싶어한다. 동사 상이 주해와 번역에 영향을 줄 수 있을까? 동사 상에 대한 연구가 우리가 성경을 읽는 방법을 바꿀 수도 있을까? 만약 바꿀 수 있다면, 어느 정도까지 변화를 가져올 수 있을까?

그런 사람들은 이러한 책을 환영할 것이다. 심지어 서론은 건너뛰고 이 책의 본론으로 바로 들어갔을지도 모르겠다.

그러나 이러한 책을 읽는데 자신의 정열과 시간을 쏟아 부을 만한 가치가 있는지 아직 확신하지 못하는 사람들은 어떻게 생각할까? 학교에서 배우는 헬라어 수업에서 이러한 책에는 흥미가 없음에도 불구하고, 읽고 과제물로 제출해야만 하는 학생들은 어떻게 생각할까? 헬라어에 계속 관심을 가지고 있기를 원하지만 지금 동사 상과 씨름하는 것이 그 만한 가치가 있을까 하는 생각이 드는 목회자들은 어떨까? 동사 상에 대한 연구가 헬라어를 배우고 또한 가르치는데 개선할 만한 점을 제공할 수 있을지에 대한 확신이 아직 생기지 않는 신약학자들에게 이러한 책은 어떤 의미가 있을까?

동사 상과 관련해서 나 자신이 맞닥뜨렸던 몇 가지 의문점들이 있었다. 동사 상에 대해서 제대로 이해한다면 정말로 어떤 차이점들이 생기기는 할까? 동사 상에 대한 전체적인 연구가 단지 학문적인 면만 도전이 되고 주해나 주석에는 직접적인 관련이 없는 것은 아닐까? 헬라어 동사 상에 대한 연구를 통해서 얻어낸 결과물들이 헬라어 동사 체계에 대한 이전의 접근들을 통해서 얻은 결과물들과 큰 차이가 있을까? 그리고 만약에 큰 차이가 없다면 무슨 의미가 있을까? 솔직해지자-이 주제에 대해서 어떤 독자들은 벌써 가장 중요한 질문을 마음 속에 가지고 있을지도 모르겠다. "그래서 어떻다는 것인가?"

이 책의 서론에서 동사 상과 관련하여 파생될 수 있는 주해상의 함축과 그 적용에 대해서 몇 가지 예를 가지고 설명하고자 한다. 책의 첫 머리에서 이러한 시도를 하는 것은 다소 이례적일 수도 있다. 우리는 심지어 **동사 상이 무엇인지에** 대해서도 아직 언급하지 않았다. 그러나 동사 상이 왜 문제가 되는지를 보여주는 것이 더욱 중요하다고 생각하기 때문에 이 단계에서는 적절한 대답을 제시할 수는 없지만, 헬라어 동사에 대한 몇 가지 질문들을 먼저 던져보고자 한다. 이러한 질문들은 몇몇 독자들이 그들의 마음 속에 가지고 있는 "그래서 어떻다는 것인가?"라는 질문에 대한 만족할 만한 답이 될 것이다. 이 목표를 이루기 위해서 두 가지 접근을 할 것이다. 주석을 할 때 동사 상이 가져다 줄 수 있는 함축에 대해서 부정적인 관점과 긍정적인 관점을 통해서 접근할 것이다.

먼저, 부정적인 관점부터 보자. 동사 상을 잘 이해하면 다양한 헬라어 문장들을 해석할 때, 학자들이 그 동안 제안했던 논의의 결론들 중에서 어떤 점들을 평가하고 비평할 수 있다. 신약 주석들은 당연히 헬라어 본문들을 다루게 되고 논쟁의 결론을 내릴 때 헬라어 동사에 대한 분석을 통해서 종종 자신들의 견해를 표명한다. 그리고 이러한 결론들은 주일 예배 시에 교회에서 듣는 설교에까지 반영된다. 목회자들은 주석을 참조하여 설교 내용을 만들고 설교에서 전달하고자 하는 결론에 도달한다. 설교는 교회 회중들에게 영향을 미친다. 그들은 목회자들의 결론을 구역성경 공부 시간에서도 나눈다. 그리고 우리가 모르는 사이에 주석에서 나온 그 견해가 성도들 사이에 떠돌아 다니는 '민간 전승' 이 되기도 한다. 그러나 만약에 신약 주석들 자체에 이미 문제가 있다면 어떻게 할 것인가? 그것이 헬라어 동사 체계를 잘못 배워서 나온 결론이라면 어떻게 할 것인가? 우리가 헬라어 동사를 잘못 이해함으로써 하나님의 말씀을 비록 조금이라도 곡해해버린다면 어떻게 되겠는가?

그런 일이 별로 없을 거라고 생각하는가? 당신이 생각하는 것보다 훨씬 일반적으로 일어나고 있는 일이다. 헬라어 동사를 제대로 이해하느냐 하는 것은 분명히 문제가 된다. 우리가 앞으로 살펴보겠지만, 헬라어 동사에 대한 이해는 큰 차이점들을 만들어낸다.

이제 긍정적인 측면에서 보자. 동사 상을 제대로 이해한다면, 동사들이 신약성경의 내러티브들을 구체적으로 어떻게 형성하고 있는지를 잘 이해할 수 있다. 그리고 전에 가지고 있었던 관점으로 인해 숨겨져 있던 주해에 대한 새로운 가능성을 발견할 수 있다. 보다 정확하고 일관성이 있으며 너무 과하지도 않고 부족하지도 않은 방법으로 동사의 용례를 기술할 수 있다. 이 모든 것들은 당신의 헬라어 지식을 진일보하게 해 줄 것이다.

부정적인 통찰들

성경 주석들과 교회에서 이루어지는 설교들을 보면 헬라어 동사에 대한 설명과 관련하여 특정한 경향성을 분명히 가지고 있다. 여기서 제시하고자 하는 것은 그러한 경향성들이 도움이 되지 않을 뿐만 아니라, 이따금씩 성경의 내용을 오해하게 만든다는 것이다. 다음의 예를 보라.

> 롬 5:6 Ἔτι γὰρ Χριστὸς ὄντων ἡμῶν ἀσθενῶν ἔτι κατὰ καιρὸν ὑπὲρ ἀσεβῶν **ἀπέθανεν**.
>
> 우리가 아직 연약한 때에 기약대로 그리스도께서 경건하지 않은 자를 위하여 **죽으셨도다.**

어떤 주석가들은 말하기를, 여기서 동사의 부정과거(아오리스트) 형태가 사용되었기 때문에 로마서 5장 6절은 그리스도의 죽음이 모두를 위한 단 한번의 사건이며, 결코 반복될 수 없고, 그리스도는 희생제물로 다시 반복적으로 바쳐질 수 없음(로마 카톨릭의 미사에서 하는 것처럼)을 증명하고 있다고 한다. 나도 그리스도의 죽음이 본질상 모두를 위한 단 한번의 것임을 부정하지는 않는다(벧전 3:18 참조). 그러나 로마서 5장 6절에 나오는 부정과거가 그 점을 증명해주는 것은 결코 아니다. 왜 아닌가? 왜냐하면 그것은 부정과거가 의미하는 것이 아니기 때문이다. 이 구절에 대하여 그러한 논의를 펴는 사람들은 부정과거 직설법에 대한 잘못된 지식에 근거하고 있다. 그러나 동사 상에 대해서 제대로 안다면 그러한 실수를 피할 수는 있다.[1)]

딤전 2:12 διδάσκειν δὲ γυναικὶ **οὐκ ἐπιτρέπω** οὐδὲ αὐθεντεῖν ἀνδρός, ἀλλ᾽ εἶναι ἐν ἡσυχίᾳ.

여자가 가르치는 것과 남자를 주관하는 것을 **허락하지 아니하노니** 오직 조용할지니라.

최근에 논란을 불러일으키는 이 성경 구절을 설명하면서 해결의 열쇠로 현재 직설법의 문법적인 의미에 호소하기도 한다. 그들은 현재형의 문법적인 의미는 진행 중인 행위를 말한다고 주장한다. 바울은 그가 **글을 쓰고 있는 그 때에** 이러한 행동을 허용하지 않았고, 현재에도 여성들이 남성들을 가르치거나 권위를 내세우는 것을 허용하지 않는다. 그러나 이것은 바울에게만 해당되는 현재적인 상황이고, 우리의 현재 상황에 대해서 말하는 것은 아니다. 왜냐하면 현재 직설법의 문법적인 의미가 그런 것이 아니기 때문이다.

사람들이 성경 구절을 어떻게 다루든 간에 그리고 그것을 둘러싸고 있는 논쟁들이 무엇이든 간에, 그 동사에 대한 잘못된 문법적인 지식에 근거해 있는 한 이 논쟁이 제대로 될 수 없다는 것은 명백하다.

요 17:17 **ἁγίασον** αὐτοὺς ἐν τῇ ἀληθείᾳ· ὁ λόγος ὁ σὸς ἀλήθειά ἐστιν.

그들을 진리로 **거룩하게 하옵소서** 아버지의 말씀은 진리니이다.

---

1) 카슨은 성경 본문을 주해할 때 부정과거 직설법과 관련하여 학자들이 종종 범하는 실수들을 모아놓은 유용한 목록을 제시하고 있다. D. A. 카슨 (박대영 역) 『성경 해석의 오류』 (제2판; 서울: 성서유니온선교회, 2002), 68-73.

어떤 학자들은 이 구절에 사용된 부정과거 명령법의 문법적인 의미는 성화가 순간적인 사건임을 증명한다고 제시한다. 특별히 소위 성결교 운동 같은 그룹 내에서 강력하게 이것을 주장한다. 그들은 그리스도인들이 개종하는 그 순간에 도덕적으로 순결해진다고 단언한다. 왜냐하면 부정과거 명령법의 문법적인 의미는 순간적으로 수행되어져야 하는 명령들을 나타내기 때문이다. 그러므로 이 구절과 이런 것과 같은 다른 구절들도 즉각적인 성화의 개념을 지지하는 증거로 본다. 그러나 이러한 주장 역시 동사에 대한 잘못된 지식에서 비롯된 것이다.[2]

성경을 주해할 때 이와 비슷한 예들이 성경 주석들, 설교집들, 그리고 그와 같은 책들에서 전반적으로 발견된다. 이런 주석상의 오류들 중의 일부는 헬라어 동사 체계를 다루는 전통적인 이론들을 잘못 적용해서 발생한다. 한편, 다른 오류들은 오히려 그 이론들을 정확하게 적용해서 생기기도 한다. 앞에서 살펴본 대로, 그 이론들 자체가 설명이 부족하거나 부정확하거나 또는 분명히 잘못되었기 때문이다. 믿을 만한 주석이나 번역을 하기 위해서 우리는 헬라어 동사에 대해 반드시 더 잘 이해해야만 한다.

긍정적인 통찰들

기존의 주석들의 패턴들에 대한 비평 능력을 가질 수 있게 되는 것이 헬라어 동사 상을 연구함으로써 얻을 수 있는 유익의 전부는 아니다. 당연히 긍정적인 면에서 발전적인 것들도 많이 있다. 즉, 신약성경을 해석할 때 과감하게 새로운 시도를 해볼 수 있다.

---

2) Randy L. Maddox, "The Use of the Aorist Tense in Holiness Exegesis," *Weslyan Theological Journal* 16 (1981), 168-79을 보라.

긍정적인 측면의 한 가지 유형은 왜 특정한 동사들이 특정한 문맥 내에서 사용되는지를 분명히 말할 수 있다는 것이다. 다음 구절들을 보자.

> 요 7:28-32 28ἔκραξεν οὖν ἐν τῷ ἱερῷ διδάσκων ὁ Ἰησοῦς
> καὶ λέγων· καμὲ οἴδατε καὶ οἴδατε πόθεν εἰμί· καὶ ἀπ᾽
> ἐμαυτοῦ οὐκ ἐλήλυθα, ἀλλ᾽ ἔστιν ἀληθινὸς ὁ πέμψας
> με, ὃν ὑμεῖς οὐκ οἴδατε· 29ἐγὼ οἶδα αὐτόν, ὅτι παρ᾽
> αὐτοῦ εἰμι κακεῖνός με ἀπέστειλεν. 30Ἐζήτουν οὖν αὐτὸν
> πιάσαι, καὶ οὐδεὶς ἐπέβαλεν ἐπ᾽ αὐτὸν τὴν χεῖρα, ὅτι
> οὔπω ἐληλύθει ἡ ὥρα αὐτοῦ. 31Ἐκ τοῦ ὄχλου δὲ πολλοὶ
> ἐπίστευσαν εἰς αὐτὸν καὶ ἔλεγον· ὁ χριστὸς ὅταν ἔλθῃ
> μὴ πλείονα σημεῖα ποιήσει ὧν οὗτος ἐποίησεν; 32ἤκουσαν
> οἱ Φαρισαῖοι τοῦ ὄχλου γογγύζοντος περὶ αὐτοῦ ταῦτα,
> καὶ ἀπέστειλαν οἱ ἀρχιερεῖς καὶ οἱ Φαρισαῖοι ὑπηρέτας
> ἵνα πιάσωσιν αὐτόν.
>
> 예수께서 성전에서 가르치시며 외쳐 이르시되 너희가 나를 알고 내가 어디서 온 것도 알거니와 내가 스스로 온 것이 아니니라 나를 보내신 이는 참되시니 너희는 그를 알지 못하나 나는 아노니 이는 내가 그에게서 났고 그가 나를 보내셨음이라 하시니 그들이 예수를 잡고자 하나 손을 대는 자가 없으니 이는 그의 때가 아직 이르지 아니하였음이러라 무리 중의 많은 사람이 예수를 믿고 말하되 그리스도께서 오실지라도 그 행하실 표적이 이 사람이 행한 것보다 더 많으랴 하니 예수께 대하여 무리가 수군거리는 것이 바리새인들에게 들린지라 대제사장들과 바리새인들이 그를 잡으려고 아랫사람들을 보내니

부정과거형 직설법인 ἔκραξεν, ἐπέβαλεν, ἐπίστευσαν, ἤκουσαν, ἀπέστειλαν은 왜 이 내러티브의 기본적인 사건들을 개관하는 행동들을 묘사하는데 사용되는가? 그리고 미완료형인 ἐζήτουν, ἔλεγον과 과거완료형인 ἐληλύθει는 왜 그 내러티브를 기술하거나 설명하는데 사용되는가? 완료형으로 사용된 οἴδατε [x2], ἐλήλυθα, οἶδα는 왜 직접화법에서만 발견되는가? 동사 상에 대해서 정확하게 알기 전에는 위의 예들이 말하는 아주 전형적인 현상들에 대해 적절한 설명을 하기가 어려웠다.

긍정적인 측면의 또 다른 한 가지 유익은 주해를 새롭게 할 수 있는 가능성들을 제공한다는 것이다.

> 딤후 4:6-7 6 Ἐγὼ γὰρ ἤδη σπένδομαι, καὶ ὁ καιρὸς τῆς ἀναλύσεώς μου **ἐφέστηκεν**. 7τὸν καλὸν ἀγῶνα ἠγώνισμαι, τὸν δρόμον **τετέλεκα**, τὴν πίστιν **τετήρηκα**·
>
> 전제와 같이 내가 벌써 부어지고 나의 떠날 시각이 **가까웠도다** 나는 선한 싸움을 **싸우고** 나의 달려갈 길을 **마치고** 믿음을 **지켰으니**

잘 알려진 이 구절은 마치 모든 것이 다 끝나버린 것처럼 말함으로써 바울이 사도로서의 사역의 끝에 있다고 증언한다. 그러나 만약 이 완료형 직설법 동사들을 전통적인 방식으로 번역하지 않는다면 어떻게 될까? 만약 동사 상에 대한 연구를 통하여 이 완료형 동사들을 현재형 직설법에 가깝게 번역하는 것이 더 낫다면 어떻게 할 것인가? 즉, "나의 떠날 기약이 *가까이 오고 있다.* 내가 선한 싸움을 *싸우고 있고,* 나의 달려갈 길을 *마치고 있으며,* 믿음을 *지키고 있으니*" 라고 번역될 수는 없을까? 만약 이렇게 읽는 것이 텍스트를 제대로 이해하는 것이라면 그 구절의 해석은 어느 정도 달라지게 것이다.[3] 바울은 목표에 아직 도달하지 않았다. 여전히 사도로서의 일을 적극적으로 바쁘게 하고 있다. 동사 상에 대해 공부하고 나면, 이러한 다양한 주해상의 가능성들을 알 수 있게 되며 수 많은 텍스트들을 해석할 때 필요한 새로운 통찰력들을 얻을 수 있게 될 것이다.

결 론

동사 상에 대한 연구는 그것을 통해 얻을 수 있는 주해 상의 모든 가능성뿐만 아니라, 지난 수 백 년 동안 있었던 고전 헬라어 이해를 위한 가장 중요한 발전 가운데 하나라고 할 수 있다. 다음 장에서 우리는 고전 헬라어의 동사 상에 대한 연구사를 추적할 것이다. 우리는 언어학 이론들을 살펴보고 또한 이론적인 모델들을 비교해 볼 것이다. 각각의 시제-형태와 관련하여 상 연구에서 자주 토론되는 예들과 의미 그리고 기능을 서법, 부정사, 분사와 교차적으로 탐구할 것이다. 그럼으로써 우리는 동사의 상을 정확하게 이해하게 될 것이다.

---

3) Constantine Campbell, "Finished the Race? 2 Timothy 4:6-7 and Verbal Aspect," in *Donald Robinson Selected Works: Appreciation*, ed. Peter G. Bolt and Mark D. Thompson (Sydney: Australian Church Record/Moore College, 2008), 16-75.

제1부

동사 상 이론

제1장
동사 상은 무엇인가?

이 장에서는 동사 상에 대한 정의를 내리고, 다른 중요한 두 용어들인 시제(tense)와 동작류(*Aktionsart*)로부터 상(aspect)을 구별하려고 한다. 그 다음에는, 의미론과 화용론을 언어학적인 입장에서 구분하고, 그 구분을 상, 동작류, 시제에 적용할 것이다.

동사 상

동사 상을 정의하는 데에는 다양한 방법이 있지만, 가장 간단하게 **관점**이라고 설명할 수 있다. 즉, 저자나 화자가 동작(action), 사건(event), 상태(state)를 **외부로부터** 보느냐 아니면 **내부로부터** 보느냐 하는 것이다. 동작, 사건, 상태를 외부로부터 보는 관점은 완료상(perfective aspect)이라고 부른다. 반면에, 내부로부터 보는 관점은 **미완료상**(*imperfective aspect*)이라고 부른다. 부이스트 패닝(Buist Fanning)은 아래와 같이 상을 정리한다:

> 동작의 시작점이나 종료점과는 관계없이 그 동작의 내적인 구조나 조직에 초점을 맞추어 동작 **내부의** 지시점으로부터 바라볼 수 있다. 아니면, 동작의 내적 구조와는 관계없이 시작부터 종료에 이르기까지의

> 전체 동작에 초점을 맞추어 동작 외부의 관점으로부터 바라볼 수도 있다.[1)]

학자들이 동사 상을 설명할 때, 리포터가 거리에서 벌어지는 행진을 보도 하는 것을 자주 예로 든다.[2)] 만약에 리포터가 헬리콥터에서 거리 행진을 내려다본다면, 멀리 떨어져서 그 행진 전체를 보게 된다. 그는 대략적으로 그 행진을 묘사할 수 있다. 왜냐하면 가까이서 세부적인 것을 보기보다는 멀리서 전체적인 것을 보기 때문이다. 헬리콥터로부터 아래로 내려다보는 관점을 우리는 **완료상**(*perfective aspect*)이라고 부른다. 이것은 바깥에서부터-외부에서부터 바라보는 관점이다. 그러나 만약에 동일한 리포터가 헬리콥터에서 내려다보는 것이 아니라 거리에 서서 그 행진을 바라보고 있다면, 그 리포터에게 그 행진은 상당히 다르게 보일 것이다. 이럴 경우, 그 행진은 그 리포터의 바로 옆에서 일어나고 있는 것이며 자기 자신 앞에서 그 행진이 펼쳐지는 것을 보고 있다. 먼 거리에서 전체적으로 그 행진을 바라보기보다는 이제 내부에서 그 행진을 보게 되는 것이다. 거리에서 바라보는 관점을 우리는 **미완료상**(*imperfective aspect*)라고 부른다. 이것은 내부에서 바라보는 관점이다.[3)]

---

1) Buist M. Fanning, *Verbal Aspect in New Testament Greek* (Oxford Theological Monographs; Oxford: Clarendon, 1990), 27.
2) 이사센코(Isacenko)가 처음 이 예화를 제시했고, 스탠리 포터(Stanley Porter)가 채택했다. A. V. Isacenko, *Grammaticheskijstrojrusskogojazyka v sopostavlenii s slovatskim: Morfologija* (Bratislava: The Slovak Academy of Sciences Press, 1960)와 Stanley E. Porter, *Verbal Aspect in the Greek of the New Testament with Reference to Tense and Mood* (Studies in Biblical Greek 1; New York: Peter Lang, 1989), 91를 참고하라.

대부분의 언어들은 이렇게 두 가지 다른 관점들을 묘사하는 방법들이 있다. 영어의 예를 들어보자면, 다음과 같은 문장에서 두 개의 대조적인 관점들을 볼 수 있다:

A. 나는 그 거리를 걸어 내려갔다. 어떤 남자가 나에게 말했다.

B. 어떤 남자가 나에게 말하기 시작했을 때, 나는 그 거리를 걸어 내려가고 있었다.

A와 B 두 문장이 정확하게 같은 사건을 묘사하고 있다. 그러나 그럼에도 불구하고 그 두 문장은 그 사건들을 다르게 기술한다. 그 두 문장 사이의 차이점은 바로 동사 상에서 비롯된다. A 문장에서는 동작들이 전체적으로 관찰되었다. 이것은 헬리콥터로부터 아래로 내려다보는 관점, 즉 완료상이다. B문장에서는 동일한 동작들이 마치 앞에서 펼쳐지고 있는 것처럼 묘사된다. 이것은 거리에서 보는 관점, 즉 미완료상이다.

헬라어에서 동사 상은 **종합적인 의미론적 범주**(*synthetic semantic category*)로 불린다. 이것은 상이 동사 안에서 형태론적으로 실현된다는 것을 의미한다. 헬라어에서 동사 상은 말의 체계 안에서 동사의 형태로 기호화된다. 모든 언어가 다 이런 것은 아니지만 학자들은 헬라어가 이런 경우에 해당한다고 동의한다. 이것은 어떤 동사들이 어떤 상을 기호화한다는 것을 의미한다. 예를 들면, 부정과거 시제는 하나의 상을 표현하는 반면에, 현재 시제는 다른 상을 표현한다. 이 부분에 대해서는 다음에 좀 더 자세하게 살펴볼 것이다.

3) 엄밀하게 말하자면, 그 리포터가 거리에서 그 행진을 볼 때, 그 행진 "내부에" 있지는 않다. 그는 그 거리행진의 내적인 특징들에 초점을 맞추고 있는 것일 뿐이고, 그 행진의 첫 부분이나 끝부분에는 초점을 맞추지 않고 있다는 점이다.

동사 상은 주관적인 선택을 나타낸다. 이 점은 중요하다. 상은 특정한 범위 내에서 주관적이다. 특정한 동작, 사건, 또는 상태를 묘사할 때 저자는 어떤 상을 선택한다. 위에 언급한 영어 예문을 통해서 보자면, "나는 그 거리를 걸어 내려갔다. 어떤 남자가 나에게 말했다" 라는 문장은 "어떤 남자가 나에게 말하기 시작했을 때 나는 그 거리를 걸어 내려가고 있었다" 라는 문장과 실제적으로 아무런 차이가 없다. 두 문장 모두, '나는 그 거리를 걸어 내려갔다' 와 '어떤 남자가 나에게 말했다' 라는 뜻이다. 두 예문이 다 동일한 사건을 기술하고 있다. 그러나 이 사건을 각자 다르게 묘사한다. 내가 그 이야기를 다른 사람에게 말하려고 할 때, 나는 그 이야기를 하기 위해서 어떤 상을 취할지를 결정한다. 그러나 어떤 상을 취한다 하더라도 실제로 일어난 일에 영향을 미치지는 않는다. 그 선택은 단지 내가 어떤 것을 선호하느냐를 반영하고 있을 뿐이다. 이것이 바로 상이 주관적인 선택이라고 말하는 이유다.

시제, *동작류*, 상

사람들은 다른 두 용어와 묶어서 동사 상에 대해서 논의한다. 그것들은 시제(tense) 그리고 동작류(Aktionsart)다. 이 세 용어는 조심스럽게 구별해야 한다.

시제

전통적으로 헬라어 동사들은 시제라는 말로 분류해왔다. 부정과거는 과거 시제, 현재는 현재 시제, 미래는 미래 시제이다. 시제를 정의할 수 있는 수 많은 전문적인 방법들이 있지만, 일반적으로 시제란 문법적인 시간적 지시(temporal reference)를 가리킨다. 다시 말하자면, 시제가 특정한 시간 틀(time frame)을 지시한다는 것이 시제의 전통적인 의미이다.

그러나 헬라어 신약성경을 읽기 시작하면 시제가 전부가 아님을 쉽게 알 수 있게 된다. 문법적으로 현재 시제 형태(tense form)을 가진 동사가 과거 시간을 지시하기도 한다. 전통적으로 현재 시간을 지시하는 과거 시제 형태들도 있다. 심지어 미래 시간을 지시하는 과거 시제도 있다. 더 나아가, 헬라어의 두 과거 시제들 사이의 차이점은 무엇일까? 헬라어 동사에 있어서 시제가 전부는 아니다. 왜냐하면 두 과거 시제들, 즉 부정과거와 미완료과거 사이에 의미상의 차이가 있기 때문이다.[4] 이 질문에 대한 19세기 학자들의 대답은 다음과 같다. 즉, 헬라어의 두 과거 시제들 사이의 차이점은 동작류이다.

동작류(Aktionsart)

이 단어는 독일어인데 문자적으로는 동작의 종류를 의미한다. 동작에는 다양한 유형들이 있다. 예를 들면 순간적인 동작, 반복적인 동작, 진입하는 동작 등이 있다. 동작류라는 범주는 행동이 어떻게 발생했는지를 기술한다. 만약 하나의 사건이 단회적이며 순간적인 것이라면 "순간적"이라고 부른다. 만약 행동이 계속적으로 반복된다면 "반복적"이라고 한다. 만약 행동이 시작하는 것에 초점이 맞추어져 있으면 "진입적"이라고 부른다.

이러한 논의와 관련하여 초기에 있었던 학문적인 토론은 동작류와 상 사이에 상당한 혼동을 하고 있었다. 이 즈음에는 두 용어 사이의 차이점

---

4) 실제로, 영어에 있어서도 그렇다. 앞에서 언급한 영어 예문들에서도 볼 수 있듯이, 시제가 전부는 아니다.

과 관련하여 대체적인 합의가 있었는데 그 특징을 잘 이해해야 한다. 동작류는 행동이 실제로 어떻게 발생했는지-어떤 종류의 행동인지를 지시한다. 상은 관점을 지시한다. 그 행동이 어떻게 보여지는지를 지시한다. 그것은 범주가 서로 다르다.

로마서 5장 14절을 예로 들어보자. 그 구절에 죽음이 아담의 시대부터 모세까지 다스렸다고 기록되어 있다. "다스렸다" 라는 동사는 "완료상" 을 나타낸다. 이것은 헬리콥터에서 내려다보는 관점이다. 어떤 일이 발생했는지 요약된 형태로 제시된다. 단순히 그것이 발생했다는 것만 알려준다. 이것은 외부로부터의 관점이다. 그러나 **실제적으로** 어떤 일이 발생했는지를 물어본다면 어떤 다른 범위를 말할 수 있다. 먼저, 이 동작은 오랜 시간에 걸쳐 있었다. 아담부터 모세까지 오랜 세월이 흘렀다. 아담부터 모세까지 죽음이 통치한 것은 지속적이며 광대한 사건이다. 이러한 동작은 단 한번 일어난 것도 아니고 순간적인 것도 아니다.

위에서 언급한 예를 통해서 볼 때, 상과 동작류 사이에 분명한 차이점이 있음을 알 수 있다. 상은 그 동작이 어떻게 보여지는지를 지시한다. 그것은 외부의 관점에서 전체적으로 보여진다. 동작류는 실제로 어떤 것이 발생했는지를 지시한다. 그것은 아주 오랜 세월 동안에 걸쳐있었던 하나의 지속적인 사건이었다. 상과 동작류의 차이는 또 하나의 다른 구별을 하게 한다.

의미론과 화용론

의미론과 화용론이라는 두 용어는 현대 언어학에서 나온 것으로, 헬라어 동사들에 대한 토론에 적용할 수 있는 구별점을 보여준다. 다시 말하지만, 이 두 용어가 어떤 의미인지 구별해서 이해하는 것은 중요하다.

의미론

동사에 대해 말할 때, **의미론**은 동사의 형태 속에 기호화된 뜻들(values)을 지시한다. 이 뜻들은 특정한 동사 형태가 나타날 때도 변하지 않고 항상 그대로 있다(변칙적인 표현이나 어떤 고정된 숙어와 같은 경우들을 제외하고). 이런 예외적인 것들 외에, 의미론적인 가치는 언제든지 취소될 수 없다. 그 의미는 항상 그대로 있고 소멸될 수 없다. 의미론은 그 동사가 본질적으로 무엇을 의미하는지를 지시한다. 부정과거는 무엇을 기호화하는가? 미완료과거와 부정과거 사이의 본질적인 차이점은 무엇인가? 부정과거가 항상 동일하게 제시하는 것은 무엇인가?

여기서는 어쨌든 약간의 전문용어를 사용할 필요가 있다. 의미론이라는 용어는 하나의 단어가 가지는 의미의 범위를 지시하는 일반적인 의미로 자주 사용된다. 이것은 학문적인 토론에서 사용하는 그런 의미는 아니다. 특정 단어의 의미의 범위를 다루는 것은 **어휘 의미론**(lexical semantics)이라는 분야가 따로 있다. 우리가 바로 지금 관심을 가지고 있는 의미론의 유형은 **동사 의미론**(verbal semantics) 또는 **문법적 의미론**(grammatical semantics)이다. 이것은 그 동사 형태의 취소될 수 없는 특성을 지시한다.

화용론

동사에 대해서 말할 때, **화용론**(pragmatics)은 문맥 속에서 그리고 다른 요인들과의 결합 속에서의 의미론적인 가치에 대한 표현을 지시한다. 바꾸어 말하자면, 화용론은 그 모든 것이 결국에는 어떤 의미가 되는지를 지시한다. 즉, 언어가 문맥 속에서 사용되는 방식을 지시한다.

의미론과 화용론을 관련 지어서 말하자면 이렇게 말할 수 있다. 의미론적 요소들을 취하여 그것들을 이미 범위를 가지고 있을 하나의 본문 안에 넣는다. 그러면 본문 안의 의미론적인 값들이 자신들의 입장을 서로 교환하며 상호작용한다. 그래서 나온 결과물이 화용론이다. 화용론적 가치는 환경마다 달라질 수 있다. 취소될 수도 있고, 특정한 동사 형태들이 사용될 때 그대로 있지 않으며 동일하지도 않다.

의미론과 화용론의 차이점을 분명히 하기 위해서 이런 예가 도움이 될 것이다. 의미론은 "내가 누구인가?"를 묻는 반면에, 화용론은 "내 직업이 무엇인가?"를 묻는다. 이 두 질문은 서로 다른 질문이다(비록 오늘날 서구 문화에서 그 둘 사이의 구별이 희미해지기는 했지만). 내가 누구인가 하는 것은 내 존재의 본질이 무엇인가 하는 것이다. 나를 나답게 만드는 유일한 것이 무엇인가 하는 것이다. 또한 내가 누구인가 하는 것은 내가 무엇을 하는가 라는 질문에 의해서 표현될 수도 있다. 그러나 내가 무엇을 하는가 하는 것이 항상 내가 누구인가를 말하는 것은 아니다. 만약 "당신은 누구세요?" 라고 당신이 나에게 질문을 하기라도 한다면, "저는 변호사입니다" 라고 답할 수도 있을 것이다. 실제로는 이때까지 그렇게 대답하지는 않았다. 나는 누구인가? 나는 콘스탄틴이다. 그러면 내 직업은 무엇인가? 나는 변호사이다. 나는 변호사직을 그만둘 수 있고, 재즈 음악가가 될 수도 있다. 만약 내가 재즈 음악가가 된다 하더라도 내가 누구인지는 바뀌지 않는다. 나는 단지 내 직업을 바꾸었을 뿐이다(물론 인생이 그렇게 간단한 건 아니지만, 예를 들자면 그렇게 말할 수 있다는 것이다). 부정과거의 의미론은 "부정과거씨, 당신은 누구세요?" 라고 질문하는 것과 같다. 부정과거의 화용론은 "그리고 부정과거

씨, 당신은 무슨 일을 하세요?" 라고 질문하는 것과 같다.

의미론과 화용론의 차이는 상과 동작류의 차이를 설명하는 데 유용하다. 상은 의미론적 가치를 가지고 있다. 특정한 시제 형태의 상은 변하지 않는다. 부정과거는 상에서는 항상 완료를 나타낸다. 비록 어떤 단어(어휘소)가 부정과거로 사용된다 하더라도 또는 어떤 환경에서 사용된다 하더라도 그 경우가 될 것이다. 상은 취소될 수 없다. 만약에 "부정과거씨, 당신은 누구세요?" 라고 물어본다면, 그 대답은 "저는 부정과거에서는 완료입니다" 가 될 것이다.

반면에, 동작류는 화용론적 가치를 가지고 있다. 특정한 시제 형태의 동작류는 변할 수 있다. 가끔씩 부정과거가 동작류에서는 순간상이 되기도 한다. 어떤 때는 그것이 반복상이 되거나 진입상이 되기도 한다. 그것은 오로지 어떤 어휘소가 부정과거로 사용되느냐, 어떠한 상황이냐, 그리고 실제로 어떤 일이 발생했느냐에 근거하고 있다. 동작류는 취소될 수 있다. 만약에 "부정과거씨, 당신은 무슨 일을 하세요?" 라고 물어본다면, 그 대답은 "음, 저는 많은 일을 합니다. 가능성이 있는 많은 동작류의 결과물들을 가지고 있습니다" 가 될 것이다. 헬라어를 연구하는 거의 모든 학자들은 의미론과 화용론에 빗댄 이러한 특징에 동의하고 있다.

그러나 특징과 관련하여 이런 질문은 여전히 남아있다. 시간 지시는 의미론적인가 아니면 화용론적인가? 만약 시간 지시가 의미론적이라면, 헬라어 동사들은 정말 시제들이다. 어느 동사의 시간 지시는 취소될 수 없고, 그 동사의 의미의 가장 핵심적인 부분이 된다. 부정과거는 과거 시제이고 언제나 과거 시제여야만 한다.

물론 여기서 문제가 하나 생긴다. 앞에서 부정과거가 항상 과거 시간을 지시하는 것은 아니라고 배웠다. 그래서 이런 질문을 던지게 된다. 과거 시간 지시는 부정과거의 의미론적 값인가? 어떤 학자들은 아니라고 하면서 부정과거가 항상 과거 시제인 것은 아니라고 말할 것이다. 비록 그 부정과거가 헬라어 본문에서 사용될 때 종종 과거 시간 지시를 표현하는 것으로 끝난다 하더라도 이것은 의미론적인 기호화라기 보다는 실용적인 함의를 가지고 있다. 결국 이러한 학자들이 지적하는 것은 본문 안에서 시간 틀이 무엇으로 이해되어야 하는지를 지시하는 것으로 다른 요소들이 아주 많이 있다는 것이다.

실제로, 많은 언어들에서 "어제", "현재", "나중에"와 같이, 순수하게 그러한 지시적 표지어들(deictic markers)에 의해서 시간 틀이 지시되기도 한다. 심지어 장르조차도 시간 틀을 설정할 수 있다. 예를 들면, 이야기들이 이미 일어났던 사건들에 대한 것으로 이해된다면, 심지어 "어제"와 같은 단어를 사용할 필요도 없이, 그 이야기들은 자연적으로 과거 시간을 지시한다. 만약 시간 틀이 지시 표지어들과/이나 장르에 의해서도 지시될 수 있다면, 우리는 왜 동사들이 반드시 시간을 지시해야 한다고 생각하는가? 그 질문에 대한 대답은 이렇다. 내가 생각하기로는 우리들 가운데 대부분이 우리가 영어를 사용하고 영어에 익숙하기 때문이다(또는 어쨌든 우리는 그렇게 생각한다).

그러나 최소한 다른 언어들에서는 그렇지 않다. 중요한 것은 헬라어 동사 체계는 어떤가 하는 문제가 제기되어야 한다. 이 문제와 관련하여 다시 돌아가서 몇 가지 점을 논의할 것이다. 그러나 이 문제에 대한 학자들 사이의 의견 차이와는 상관없이 우리가 동사에 대해서 언급할 때 "시제(tense)"라는 용어보다는 오히려 "시제 형태(tense-form)"라는 용어를 사용하는 것이 더 유용하다. 왜냐하면 의사소통이 일어날 때마다 그 형태를 통하여 전달되고 있는 것은 바로 형태론적인 형태(morphological form)라는 사실을 우리에게 상기시켜주기 때문이다.

결 론

우리가 이 장에서 살펴본 것은 다음과 같다. 상이란 하나의 동작, 사건, 또는 상태를 묘사할 때 저자가 주관적으로 선택하는 관점을 가리킨다. 어떤 것을 선택할 것인가 하는 것과 관련하여 두 가지 관점이 있다. 외부로부터 보는 관점인 완료상과 내부로부터 보는 관점인 미완료상이 있다. 우리는 상이 동작류와는 다른 것임을 살펴보았다. 동작류는 동작이 실제로 어떻게 발생하는지를 기술하는 것인 반면에, 상은 단순하게 관점을 지시한다. 마지막으로 논의한 것은, 상은 동사 안에 기호화 되어 있는 의미론적인 가치이기 때문에 취소될 수 없는 반면에, 동작류는 상황적인 요인들의 범위 안에 있는 것들에 의해서 영향을 받는 화용론적인 가치를 가지고 있기 때문에 취소될 수 있다.

제2 장

동사 상에 대한 연구사

고전 헬라어의 동사 상에 대한 논쟁 전반에 걸쳐서 일반 언어학(General Linguistics), 헬라어 문헌학(Greek Philology), 신약학(New Testament research)과 같이 학문적인 성격이 아주 다른 세 분야들이 서로 뒤섞이면서 적지 않은 혼란이 있었다. 일반 언어학의 입장에서는 그들 자신의 전문용어들과 방법론적인 원칙들을 가지고 있는 다양한 언어학 학파들이 있었다. 일반언어학은 의미론, 화용론, 함의와 같은 용어들을 사용하는 학문 분야이다. 헬라어 문헌학은, 일반적으로 말하자면 고전 헬라어에 대한 연구라 할 수 있다. 고전 헬라어로 쓰여진 문헌 자료들은 방대하다. 호머로부터 시작하여 고전 헬라 문헌들을 포함하고 신약성경과 그 너머까지를 아우른다. 신약학은 그 자체의 독특한 점들을 또한 가지고 있으며 신학적인 미묘한 의미 차이나 주해적인 논쟁 등과 관련하여 헬라어를 이해하는 데 특별히 관심을 가지고 있다. 물론, 신약학은 코이네 헬라어에 주로 초점을 맞추고 있다.

헬라어의 동사의 상에 대한 논쟁에 참여한 학자들 중에는 이 세 가지 다른 학문 분야들을 모두 편하게 다룰 수 있는 사람은 드물다. 대부분의 학자들은 세 분야 중에서 한 분야나 기껏해야 두 분야를 공부했다. 학자들은 자신의 분야가 아닌 다른 분야에서 온 학자들에 대해 종종 비판적이었다. 언어학자들은 헬라어 문헌학자들이 언어학적으로 볼 때 너무 순진하다고 종종 주장한다. 헬라어 문헌학자들이 헬라어는 잘 알지 몰라도 그 언어를 적절하게 기술하거나 정확하게 분석하는 데 필요한 이론적인 도구는 가지고 있지 못하다고 비판한다. 헬라어 문헌학자들은 신약학자들, 특별히 신약 언어학자들이 헬라어를 충분히 알고 있지 못한다고 비평한다. 신약 언어학자들은 단지 신약성경이 기록된 코이네 헬라어에만 갇혀있고, 일반 언어학자들은 정작 헬라어는 잘 알지도 못하면서 일반화시키는 데만 관심을 가지고 있는 이론가들에 지나지 않는다고 비판한다. 반면에, 신약학자들은 언어학이나 고전어학이 하나님의 말씀과 비교할 때 중요성이 없어 보인다고 응수하기도 한다!

이제 살펴보겠지만, 세 학문 분야 모두가 각자 중대한 공헌을 함으로써 헬라어 상에 대한 연구가 발전해왔다고 주장하는 것은 전혀 과장된 표현이 아니다.

초기 시기

게오르크 쿠르티우스[1)]

게오르크 쿠르티우스(Georg Curtius)는 인도-유럽어들에 관심을 가졌던 19세기 비교언어학자였다.[2)] 그는 헬라어 동사 체계와 관련하여 최초로 큰 성과를 만들어내었다. 쿠르티우스는 헬라어 동사 체계에서 시간적인 의미는 라틴어와는 대조적으로 직설법에만 한정된다고 논증하였다.

---

1) 이 부분은 다음 책에 주로 의존하였다: Fanning, *Verbal Aspect*, 9-33.

2) Georg Curtius, *The Greek Verb: Its Structure and Development* (trans. Augustus S. Wilkins and Edwin B. England; London: John Murray, 1880).

헬라어 문법에서 직설법 외에는 시제가 없다는 것이 지금은 누구나 다 인정하지만 쿠르티우스 이전에는 그러한 사실이 공식적으로 인정되지 않았다.

쿠르티우스의 두 번째 주요한 공헌은 현재 동사 어간과 부정과거 동사 어간에 의해서 표현되는 의미의 서로 다른 유형들을 구분해내었다는 것이다. 그는 "재빨리 지나가는" 동작과 반대되는 개념으로 지속적인 동작이라는 개념을 설명했다. 그는 이렇게 구분을 지은 후에 그 용어를 시간류(Zeitart)라고 불렀다. 그것의 문자적인 의미는 "시간의 종류"라는 뜻이다. 쿠르티우스의 시간의 종류는 단지 시간의 기간 (짧은 시간이냐 긴 시간이냐)과는 달랐다. 그는 선(line)이냐 점(point)이냐 하는 관점에서 시간을 기술하는데 관심이 있었다. 이러한 설명은 표준적인 것이 되었으며 오늘날까지도 여전히 사용되고 있다.

쿠르티우스의 통찰력들은 19세기 후반기에도 대부분 받아들여졌고 헬라어 동사 체계에 대한 그의 분석은 지배적인 학설이 되었다. 그러나 그가 사용했던 시간류라는 용어는 동작류라는 용어로 대체되었다. 왜냐하면 "동작의 유형"이 "시간의 유형"보다는 더 적절한 표현으로 받아들여졌기 때문이다.

쿠르티우스는 슬라브어에 대한 연구가 상당한 진척이 있었음을 알고 있었다. 슬라브어 연구자들은 자신이 발견했던 것들보다 먼저 연구해놓았었다. 그래서 상이라는 용어를 그 토론에 도입했다.

이십 세기 초반

패닝은 1890년에서 1910년 사이의 시기를 상에 대한 연구가 꽃을 피운 시기라고 기술한다. 쿠르티우스는 헬라어 동사 체계의 본질에 대한 연구가 활발하게 진행되기 시작되도록 불을 붙였다. 연구된 이슈들 가운데 헬라어와 인도-유럽어들에 발생하는 상의 의미의 종류에 관하여 중요한 질문이 생겼다. 그러나 범주들이 다양화되면서 중복되었고 서로 모순되는 용어들로 가득하게 되는 결과를 낳았다. 시간류, 동작류, 상, 이 세 가지 용어들이 서로 섞이면서 혼동을 가져왔다.

1920년대 중반에 시간류는 탈락되고 동작류와 상 사이를 뚜렷하게 구별해서 기술하려는 시도들이 있었다. 그 결과 나타난 정의들은 다음과 같다. 동작류는 동작이 실제로 어떻게 발생하는지를 가리킨다. 동작류는 주로 어휘적으로 결정된다. 반면에, 상은 동작을 보는 방법을 가리킨다. 이러한 구분은 오늘날에도 유지되고 있다.

케이 엘 맥케이

젠스 홀트(J. Holt)[3]나 마틴 루이페레즈(M. S. Ruipérez)[4]와 같이 이십 세기 중반기에 중요한 공헌들을 한 학자들이 많이 있었지만, 케이 엘 맥케이(K. L. McKay)[5]와 같이 현대적인 토론에 큰 영향을 미친 학자는 없었다. 신약성경 헬라어에 큰 관심을 가지고 있으면서 고전 헬라어 문헌학자였던 맥케이는 1965년에 헬라어의 상에 대한 책을 최초로 출판했다. 1965년에 쓴 논문에서 맥케이는 상이란 헬라어 동사 체계에서 시간보다도 더 중요한 특징이었다고 제시했다.[6]

---

3) Jens Holt, *Etudesd'aspect* (ActaJutlandicaAarsskrift for Aarhus Universitet 15.2; Copenhagen: Munksgaard, 1943).

4) Martin S. Ruipérez, *EstructuradelSistema de Aspectos y Tiempos del Verbo GriegoAntiguo: AnálisisFuncionalSincrónico* (Theses et Studia Philologica Salmanticensia 7; Salamanca: Colegio Trilingüe de la Universidad, 1954).

5) K. L. Mckay, *A New Syntax of the Verb in New Testament Greek: An Aspectual Approach* (Studies in Biblical Greek 5; New York: Peter Lang, 1994).

그는 미래를 고유의 상으로 간주하느냐 마느냐에 따라 세 개 혹은 네 개의 상이 있었다고 제안한다. 현재 시제 형태와 미완료과거 시제 형태를 상에서는 미완료로 보는 반면에, 부정과거는 완료(우리가 사용하는 용어로 말하자면)로 보았다. 맥케이는 비록 실제적인 상은 아니지만 미래를 네 번째의 유사-상으로 분류했다. 그리고 완료 시제 형태와 과거완료 시제 형태들은 상에서는 상태(stative)로 기술했다. 이 부분은 나중에 좀 더 자세히 살펴보게 될 것이다.

맥케이는 그 이후 삼십 년 동안 상에 대한 논문을 써서 자신의 주장들을 점점 더 강화시켜나갔다. 실제로 그는 결국 이런 말까지 하게 되었다. 헬라어 동사에서 상이 단지 시간보다 더 중요한 것에 불과한 것이 아니라, 오히려 그 동사가 문맥 속에서 가지는 시간적인 의미를 제외하고는 시간이라는 것 자체가 헬라어 동사에는 전혀 없다.[7] 맥케이의 주장은 당시에는 광범위한 지지를 받지는 못했다. 그러나 그가 혁명의 씨앗을 뿌렸다고 하는 것이 정확한 말일 것이다.

현대 시기

동사 상을 다시 중요한 문제로 부각시킨 것은 스탠리 포터(Stanley E. Porter)[8]와 부이스트 패닝(Buist M. Fanning)[9]의 공헌이었다. 두 사람

6) K. L. McKay, "The Use of the Ancient Greek Perfect Down to the Second Century A.D.," *Bulletin of the Institute of Classical Studies* 12 (1965): 1-21.

7) McKay, *Syntax of the Verb*, 39.

8) Stanley E. Porter, *Verbal Aspect in the Greek of the New Testament with Reference to Tense and Mood* (Studies in Biblical Greek 1; New York: Peter Lang, 1989).

9) Buist M. Fanning, *Verbal Aspect in New Testament Greek* (Oxford Theological Monographs; Oxford: Clarendon, 1990).

다 영국에서 동시에 박사 학위를 마쳤고, 1989년과 1990년에 각각 책을 출판했다. 그들은 같은 주제를 서로가 동시에 진행하고 있었다는 것을 알지 못했다. 그래서 두 저자들 사이에 큰 일치점들이 있었다는 사실만으로도 크게 고무적인 일이다. 그러나 두 학자들 사이에 몇 가지 큰 차이점들이 있는데 그것이 그 이후의 논쟁의 틀을 세웠다.

스탠리 포터

스탠리 포터(Stanley E. Porter)는 언어학과 신학을 정식으로 공부했던 몇 안 되는 학자들 중의 한 사람이다. 그런 자격으로 포터는 언어학 체계의 확고한 이론을 가지고 헬라어 동사 체계를 분석한다. 특별히, 그는 헬라어를 분석할 때 체계 언어학(systemic linguistics)의 기능주의 학파의 프리즘을 통하여 수행했다. 그 중요한 결과들 중의 하나는 포터가 의미론과 화용론을 구별하는 주장에 지나치게 집착하는 데서 나타나기도 한다. 그것은 그의 분석에 있어서 핵심적인 부분이다.

포터는 의도적으로 맥케이가 만든 체계 위에 자신의 이론을 세웠다. 그의 결론은 역시 헬라어는 상적인 언어이고 전혀 시제를 기반으로 하지 않는다는 것이다. 그러나 맥케이와는 달리, 포터는 이론적인 배경 위에서 이 관점을 정밀하게 변호한다. 시간적 지시가 항상 동사에 의해 표현되는 것은 아니기 때문에 의미론적인 값을 가질 수는 없다. 시간적 지시는 화용론적임에 틀림없다.

또한 포터는 헬라어 동사 체계가 완료상, 미완료상, 그리고 상태상과 같이 세 가지 상들을 가지고 있었다고 주장한다. 그의 분석에 따르면 미래는 상적인 것이 아니다.

상에 대해서 격렬한 논쟁을 촉발시킨 것은 포터의 공헌이다. 그의 무시제(tense-less)를 주장하는 입장은 대부분을 차지하는 전통주의자들에 의해서 배격되고 있다. 그 주장은 여전히 극소수에 불과하다.

부이스트 패닝

부이스트 패닝(Buist Fanning)의 분석은 포터보다는 더 전통적이다. 그에 의하면, 상은 우세한 것으로 간주되지만 시제가 여전히 정당한 범주이다. 부정과거는 여전히 과거 시제로 간주되어야 하고 현재는 현재 시제로 간주되어야 한다. 그러나 시간적인 표현이 일관성이 없는 경우에는 시제보다는 상으로 설명을 해야 한다. 패닝에 따르면 상은 세 개가 아니라 단지 두 개만 있다. 왜냐하면 상태성(stativity)은 상의 범주라기보다는 동작류의 범주로 간주하는 것이 적절하기 때문이다.

패닝은 상이 어떻게 동작류와 관련이 있는지를 자세히 분석하였다. 예측할 만한 동작류의 결과가 나오도록 하기 위하여 각각의 상이 특정한 어휘 유형들과 어떻게 상호작용을 하는지를 보여주었다. 그의 학문적인 작업은 포터보다는 상대적으로 논쟁을 덜 불러일으키면서 전통적인 학자들에 의해서 보다 쉽게 받아들여졌다. 그러나 체계와 방법론에 있어서 언어학적으로 덜 엄격하기 때문에 이론 언어학자들은 그의 이론을 그렇게 존중하고 있지는 않다.

마리 브로먼 올슨

마리 브로먼 올슨(Mari Broman Olsen)은 포터와 패닝의 뒤를 이어서 처음으로 주요한 공헌을 한 학자이다. 그녀는 헬라어의 동사 상에 대한 현대적인 논의가 그 두 사람에게 엄청난 빚을 지고 있음을 보여주었다.[10] 그녀는 책에서 한 장(章)은 영어의 상에 대해서 다루었고, 다른 한 장은 특별히 코이네 헬라어의 상에 대해서 다루었고 나머지 부분들은 이론적인 이슈들에 대한 상세한 연구를 했기 때문에 언어학적인 측면이 아주 강하다는 점에서 공헌을 했다고 볼 수 있다. 올슨은 콤리와 다른 학자들의 입장을 따라가면서 상에 대해 약간 다르게 말한다. 그녀는 상을 "내부적인 시간 요소" 라고 정의한다. 상을 단순히 관점이라고 정의하던 것과 같지는 않다. 그리고 그 자체만으로도 다소 다른 결과를 낳는다. 올슨은 패닝과 같이, 상태성은 상적인 것이라기 보다는 동작류적인 뜻이라고 다시 확증하면서 상은 단지 둘만 있다고 주창한다.

흥미롭게도, 올슨은 어떤 헬라어 단어 형태들은 시제들이고 다른 것들은 시제들이 아님을 논증하기 위해서 의미론적/화용론적 구분을 활용한다. 이것은 어떤 형태들은 그것들이 시간적인 지시를 할 때 일관성이 있고, 다른 것들은 그렇지 않다는 것을 보여준다. 일관성이 있는 동사 형태들은 의미론적 층위에서 시간적인 지시를 기호화하고, 일관성이 없는 동사 형태들은 의미론적 층위에서 시간적인 지시를 기호화하지 않는다.

올슨의 주장을 받아들이는 것과 관련하여, 신약학자들 내부에는 그녀의 주장을 다룰 만큼 그녀의 주장이 그렇게 많이 알려져 있지는 않다. 부분적인 이유이긴 하지만 아마도 너무 전문적인 이론이기 때문일 것이다. 그녀의 작업은 언어학적으로는 확고하다. 그러나 언어학을 모르는 사람들은 접근하기가 쉽지 않다

---

10) Mari Broman Olsen, *A Semantic and Pragmatic Model of Lexical and Grammatical Aspect* (Outstanding Dissertations in Linguistics; New York : Garland, 1997).

로드니 데커

로드니 데커(Rodney J. Decker)는 신약학계에서 시작한다. 그는 포터의 무시제의 입장을 검증하는 작업을 했다.[11] 그는 포터의 접근에 대해서 다소 회의적인 입장에서 상에 대한 연구를 시작했음을 인정하지만 나중에는 그러한 접근의 타당성을 받아들였다.

데커의 연구의 유일무이한 특징은 그가 제한된 자료를 다루었다는 것이다. 그는 마가복음에만 집중했다. 이러한 방법론은 자신이 다루었던 자료는 철저한 검증을 할 수 있다는 강점이 있지만, 다른 부분들은 표본을 취하는 데 있어서 너무 느슨하다는 단점이 있다. 그래서 포괄적인 결과들을 도출하는 것이 제한적일 수 밖에 없다. 신약성경의 나머지 부분에 대해서는 뭐라고 말할 수 있는가? 보다 넓게 말하자면, 헬라어 자체에 대해서 과연 뭐라고 말할 수 있겠는가?

데커는 한 가지 특정한 이슈를 분리시킴으로써 그 논의에 중대한 공헌을 했다. 즉, 의미론적 시간 지시가 존재하는지 존재하지 않는지의 문제를 철저하게 연구했다. 그의 연구의 평가와 관련하여, 고전학자들은 그것을 무시하는 경향이 있다. 왜냐하면 아마도 그 연구 범위가 제한되어있기 때문일 것이다. 그러나 신약학자들에게 데커는 포터의 제안을 이해하기 쉽게 설명했다. 그가 시간 지시에 대한 논쟁적인 이슈를 검증했다는 것은 큰 가치가 있다.

---

11) Rodney J. Decker, *Temporal Deixis of the Greek Verb in the Gospel of Mark with Reference to Verbal Aspect* (Studies in Biblical Greek 10; New York: Peter Lang, 2001).

티 브이 에반스

티 브이 에반스(T. V. Evans)는 언어학의 중요성과 신약학의 정보를 존중하는 고전 문헌학자이다.[12] 그는 고전 문헌학적인 배경 위에서 보다 더 광범위한 헬라어 문헌들을 가지고 토론했다. 고전 헬라어 본문들과 칠십인경에서의 상에 대한 광범위한 작업을 수행했다.

시간성이라는 이슈에 대하여 에반스는 시제가 실제로 동사 체계에서 표현된다고 논증하는 전통주의자이다. 상에 대한 문제와 관련해서 그는 상태상이라는 범주를 거부하고 두 개의 상이 있다고 확증한다.

에반스의 연구는 고전 문헌학자들 사이에서 잘 받아들여졌고 신약학계 내에서도 주목을 끌고 있다는 표징들이 있다.

콘스탄틴 캠벨

나는 신약학을 통하여 동사 상에 대해 접근했다. 나의 첫 번째 책은 직설법에서의 동사 상과 내러티브 본문들에서의 역할에 대해서 다루었다.[13] 데커의 방법론을 따라, 제한된 표본의 유익을 얻는 동시에 그러한 접근을 통해 타협하려는 것을 최소화시키면서 나는 한 두 개의 신약의 내러티브 본문들뿐만 아니라 일련의 성경 밖의 본문들도 연구했다. 나의 두 번째 책은 직설법이 아닌 동사들에 있어서의 동사 상에 대해서 살펴보았다.[14]

---

12) T. V. Evans, *Verbal Syntax in the Greek Pentateuch: Natural Greek Usage and Hebrew Interference* (Oxford: Oxford University Press, 2001).

13) Constantine R. Campbell, *Verbal Aspect, the Indicative Mood, and Narrative: Soundings in the Greek of the New Testament* (Studies in Biblical Greek 13; New York: Peter Lang, 2007).

14) Constantine R. Campbell, *Verbal Aspect and Non-Indicative Verbs: Further Soundings in the Greek of the New Testament* (Studies in Biblical Greek 14; New York: Peter Lang, 2008).

나는 시제의 문제와 관련해서는 포터와 데커의 입장을 따른다. 비록 각각의 시제 형태들이 화용론적인 층위에서 시간 지시의 특징을 가짐에도 불구하고, 직설법에서는 시제가 동사의 의미론적 값으로 간주되지 않는다. 나는 상태상의 범주를 거부하면서 단지 두 가지 상만 있다고 논증한다. 아마도 가장 논란이 될 만한 것은 완료 시제 형태와 과거 완료 시제 형태들이 상에서는 미완료상이라는 논증을 제기한 것일 것이다.

최근 이슈들

일치하는 영역들

헬라어 동사 상에 대한 최근의 논쟁에서 학자들 사이에 몇 가지 일치하는 부분들이 있다. 그 중에서 아마도 가장 중요한 것은 헬라어를 이해하는 데 있어서 상이 주요한 범주라는 사실에 일반적으로 동의하고 있다는 것이다. 상이 시제보다도 더 중요하고 그렇게 인식되어야 한다. 그 외 다른 일치점들은 다음과 같다:

- 상은 헬라어 동사 체계를 이해하기 위한 핵심을 가지고 있다.
- 헬라어에는 최소한 두 개의 상이 있다. 그것은 완료상과 미완료상이다.
- 상에 대한 논쟁은 가능한 한 빨리 해결되어야 한다.
- 헬라어 문법서들과 신약성경 주석들은 최신 정보들을 받아들이고 새로운 학문의 장에 대한 이해를 할 필요가 있다.
- 헬라어 본문을 책임감 있게 주해하기 위해서는 상에 대한 민감한 내용들을 반영해야 한다.

해결되지 않은 부분들

그럼에도 불구하고 상과 관련하여 아직 해결되지 않은 부분들이 있다.

시간성과 시제 헬라어 동사들이 시제냐 아니냐 하는 문제는 여전히 해결되지 않고 있다. 헬라어 동사들이 의미론적 층위에서 시간 지시를 기호화하느냐? 무시간적 입장을 가진 학자들과 학생들은 아직도 여전히 소수에 불과하다. 그럼에도 불구하고 헬라어 상에 대한 현대적인 논의에서 주요한 공헌을 하는 학자들 중에는 무시간적인 입장을 가진 학자들이 조금 더 우세하다는 사실은 언급할 가치가 있다.

상의 개수 헬라어 동사 체계에 얼마나 많은 상이 기호화되느냐 하는 문제는 아직도 매우 중요하지만 해결되지 않고 있다. 상은 두 개인가 아니면 세 개 혹은 네 개인가? 상에 완료상과 미완료상이 있는 것은 확실하지만, 상태상은 어떻게 분류해야 하는가? 일반적으로 말하자면, 고전 헬라어를 가르치고 배우는 사람들 중에 대부분은 세 가지 종류의 상이 있다고 받아들이는 것 같다. 그러나 현대적인 논의에서 주요한 공헌을 하는 학자들은 명백하게 상태상을 거부하고 두 가지 종류의 상을 선호한다. 실제로, 보다 넓게 다루는 언어학계에서는 두 가지 상이 범언어적으로 표준적이다. 상태성을 상으로 간주하는 것은 일반적이지는 않다.

나아갈 길

이러한 이슈들에 대해서 어떤 종류의 합의에 도달하기 위해서는 토론에 도움을 주는 접근법들에 대한 영역들이 있다.

1. 방법론적 이슈들은 날카롭고 명료해질 필요가 있다.
2. 이 논쟁과 관련이 있는 세 가지 학문 분야들(일반 언어학, 헬라어

문헌학, 신약학)이 서로 더 민감하게 반응하는 것이 필요하다. 세 영역 모두가 다른 분야들을 서로 존중하면서 주의를 기울여야 한다.

3. 설명하는 능력이 문제를 해결하는 중요한 방법론적 원칙으로 인정되어야 할 필요가 있다. 우리는 가장 잘 설명할 수 있는 능력을 갖춘 모델을 찾아야만 한다. 동사 체계의 특정한 모델이 그 동사의 모든 용례들을 잘 설명할 수 있는가?
4. 우리는 반드시 상과 담화분석 사이의 관계를 밝혀내어야 한다. 이 문제는 나중에 더 자세하게 다룰 것이다.

제3장
완료상

완료상은 외부적인 관점이다. 그 관점으로 저자는 동작, 사건, 또는 상황을 외부로부터 묘사한다. 완료상이란 헬리콥터에서 거리의 행진을 묘사하는 리포터와 같다. 그것은 동작에 대하여 전체를 망라하는 또는 요약한 관점을 말한다. 헬리콥터 안에서의 관점으로부터 볼 때 거리 행진은 멀리 보여진다. 그리고 행진의 세부적인 사항들은 인식되지 않는다. 정확하게 말하자면, 그 행진이 어떻게 전개되는지는 보이지 않는다.

부정과거 시제 형태

부정과거 시제 형태는 일반적으로 상에서는 완료형으로 간주된다. 이것은 부정과거가 동작의 외부적인 관점을 제공하고 있음을 의미한다. 먼 거리에서 사건을 요약해서 제공한다. 그 동작이 어떻게 발생했는지 세부사항들은 보지 않는다. 마태복음 4장은 적절한 예를 제공한다.

마태복음 4:21-22

καὶ προβὰς ἐκεῖθεν **εἶδεν** ἄλλους δύο ἀδελφούς, Ἰάκωβον

τὸν τοῦ Ζεβεδαίου καὶ Ἰωάννην τὸν ἀδελφὸν αὐτοῦ, ἐν τῷ πλοίῳ μετὰ Ζεβεδαίου τοῦ πατρὸς αὐτῶν καταρτίζοντας τὰ δίκτυα αὐτῶν, καὶ **ἐκάλεσεν** αὐτούς. 22 οἱ δὲ εὐθέως ἀφέντες τὸ πλοῖον καὶ τὸν πατέρα αὐτῶν **ἠκολούθησαν** αὐτῷ.

거기서 더 가시다가 다른 두 형제 곧 세베대의 아들 야고보와 그 형제 요한이 그 부친 세베대와 한가지로 배에서 그물 깁는 것을 **보시고 부르시니** 저희가 곧 배와 부친을 버려두고 예수를 **좇으니라**

우리는 이 작은 인용문에서 주된 동작들은 부정과거 직설법을 사용함으로써 전달하고 있음을 본다 "그가 … 보시고[보셨고] … 부르시니[부르셨으니] … 그들이 좇으니라[좇았다]." 이 부정과거들은 발생한 사건들의 세부사항들을 제공하는데 사용되지 않는다. 예수께서 보셨던 것의 내용은 분사절을 통하여 제공된다. 예수께서 그들을 부르실 때 무슨 말씀을 하셨는지 듣지 못한다. 우리는 예수님께 대답하는 야고보와 요한의 생각에 대해서도 듣지 못한다. 우리는 그들이 그 배 안에 있는 아버지를 떠나갈 때 그들이 그들의 아버지에게 무엇을 말했는지 아니면 말하지 않았는지 듣지 못한다. 우리가 아주 단순하게 듣게 되는 것은 그들이 예수를 따랐다는 것이다. 그것이 전부이다.

그리고 다음과 같은 사항을 주의해야 한다. 단지 동작이 요약되어 제시된다는 것 때문에 그 동작은 반드시 중요하지 않다는 것을 의미하는 것은 아니다. 이렇게 생각하는 것은 범주화의 오류를 범할 수 있다. 그렇지 않다. 부정과거로 사용되면서 요약되어 제시되는 어떤 동작들은 아주 중요하다.

더군다나, 부정과거는 실제로 오랜 시간 동안 발생하는 동작을 묘사하기도 한다. 단지 동작이 요약되어 제시된다는 것 때문에 그것이 빠른 시간에 발생한 동작임을 의미하는 것도 아니다. 로마서 5장 14절을 예로 들어보자.

로마서 5:14

ἀλλὰ **ἐβασίλευσεν** ὁ θάνατος ἀπὸ Ἀδὰμ μέχρι Μωϋσέως

그러나 아담으로부터 모세까지 … 사망이 **왕노릇 하였나니**

"아담으로부터 모세까지"라는 구에 의해서 한정되는 시간의 기간은 죽음의 통치가 오랜 기간 동안 발생했음을 지시한다. 이 사건이 발생했던 기간은 오랜 세월이 흘렀다. 이러한 예는 부정과거를 사용한다 하더라도 부정과거 시제가 순간적으로 발생하는 동작을 지시하는 것은 아님을 보여준다. 오히려, 그 사건은 단순히 먼 거리에서 요약된 형태로 보여지고 있다.

그래서 부정과거에 대한 오래된 신화를 쫓아내 버리는 것이 중요하다. "순간상 부정과거"라는 용어는 부정과거의 일반적인 용례이며 정당하게 사용되고 있다. 그러나 불행하게도, 어떤 학자들은 일반적으로 "순간상"이라는 용어가 부정과거 시제 형태를 묘사한다는 잘못된 결론을 여전히 가지고 있기도 하다. 그들은 부정과거는 항상 순간적이고 단회적인 발생을 의미하며 즉각적인 동작을 묘사한다고 생각한다. 로마서 5장 6절에 있는 부정과거는 그런 식으로 해석된다.

로마서 5:6

Ἔτι γὰρ Χριστὸς ὄντων ἡμῶν ἀσθενῶν ἔτι κατὰ καιρὸν ὑπὲρ ἀσεβῶν **ἀπέθανεν**.

우리가 아직 연약할 때에 기약대로 그리스도께서 경건치 않은 자를 위하여 **죽으셨도다**

어떤 주석가들은 부정과거가 여기서 사용되었기 때문에 로마서 5장 6절은 그리스도의 죽음이 단회적인 사건이고, 결코 반복될 수 없으며, 로마 카톨릭의 미사에서처럼 그리스도께서 다시 반복적으로 드려질 수 없다고 쓰기도 했다. 그리스도의 죽음의 성격이 모두를 위한 단 한번의 것이었다(벧전 3:18을 참조하라)는 것을 부인하는 것은 아니지만, 로마서 5장 6절의 부정과거 자체가 그러한 사실을 증명해주는 것은 결코 아니다. 앞의 몇 구절을 우리가 미리 본다면, 5장 14절(위에서 말했듯이)에서는 아담부터 모세까지의 긴 시간 동안 죽음이 다스린다는 것을 부정과거를 사용하여 분명히 묘사하고 있음을 볼 수 있다. 반복하지만, 이것은 모두를 위한 단 한 번의 단회적인 동작을 의미하는 것이 아니다. 순간상을 가리키는 것이 아니다.

부정과거가 요약되어 제시되는 동작이라는 사실은 소위 부정과거를 순간상으로 생각하던 사람들에게는 분명히 혼란을 불러일으킬 것이다. 하늘 높이 떠 있는 헬리콥터에서 당신이 거리 행진을 바라보고 있다면, 그것은 하나의 점과 같이 보일 것이다. 그러나 그것은 거리 행진이 실제로 하나의 점이라는 것을 의미하는 것은 아니다. 부정과거를 사용하여 동작을 요약된 형태로 제시한다고 해서 그것이 점과 같은 식으로 발생했음을 의미하는 것은 아니다. 부정과거 시제의 사용은 그 동작을 완료상으로 가지고 있기 때문에 단회적인 발생을 의미하는 것은 아니다. 반드시 기억해야 하는 것은, 상은 관점이라는 것이다. 완료상은 그 동작이 보여지는 것에 대한 관점을 지시한다. 그 동작이 실제로 어떻게 발생했는지에 대해서는 아무 것도 말하고 있지 않다.

시제?

우리가 고려해야 할 중요한 이슈는 부정과거 시제 형태가 과거 시제인가 하는 것이다. 물론 이 질문에 대해서 전통적인 대답은 "그렇다" 이다. 그러나 많은 경우에 문제가 발생한다. 마가복음 1장 11절은 우리에게 유명한 예를 제공한다.

마가복음 1:11

καὶ φωνὴ ἐγένετο ἐκ τῶν οὐρανῶν· σὺ εἶ ὁ υἱός μου ὁ ἀγαπητός, ἐν σοὶ **εὐδόκησα**.

하늘로서 소리가 나기를 너는 내 사랑하는 아들이라 내가 너를 **기뻐하노라** 하시니라

아무도 이 구절의 마지막 부분을 "내가 너를 기뻐했다" 라고 과거로 번역하는 사람이 없다는 것을 말하는 것만으로도 그 해명은 충분할 것이다. 부정과거를 그렇게 해석하는 것은 신학적인 문맥이든 문학적인 문맥이든 적절하지 않다. 소위 과거 시제가 명백하게 과거를 지시하는 것이 아닌 부정과거의 용례가 많이 있다.

1장에서 다루었던 내용으로 다시 돌아가서 의미론과 화용론 사이의 차이점을 진지하게 고려해본다면, 과거를 나타내는 시간 지시가 어떻게

부정과거의 의미론적인 값일 수 있는가 하는 질문에 부닥치게 된다. 사실, 신약성경의 용례에서 부정과거 직설법의 단지 85퍼센트 정도만 과거를 가리킨다.[1] 이론적으로 말하자면, 만약 과거 시간 지시가 의미론적 값이라면 부정과거는 모든 경우(언어 사용의 인간적인 면을 고려할 때, 그것과 가까운 어떤 것)에 과거를 지시해야 한다고 기대할 수 있다. 의미론적/화용론적 구분이 중요하다는 것을 고려한다면, 여기서는 과거 시간 지시가 부정과거의 의미론적 가치로 간주되지 않는다. 그러나 만약 부정과거가 과거 시제가 아니라면, 과연 그것은 무엇인가?

원격성

전통적으로 부정과거 시제 형태는 상에서는 완료상으로, 시제에서는 과거로 간주되어왔다. 만약 우리가 그 균형 상태에서 시제 부분을 받아들이지 않는다면, 부정과거 형태가 상에서는 완료이지만 시제에서는 무엇이 되겠는가? 몇몇 학자들은 부정과거 시제 형태의 의미론에 대하여 상에서의 완료상과 더불어 보다 나은 표현은 원격성(遠隔性 remoteness)이라고 설명한다.[2]

원격성은 거리에 대한 은유적인 뜻을 가리킨다. 우리가 이미 완료상을 "멀리서" 부터의 관점으로 기술했던 것 같이 완료상과도 잘 들어맞는 개념이다. 헬리콥터로부터 멀리서 거리 행진을 보는 관점과 병행하는 개

---

1) D. A. Carson, "An Introduction to the Porter/Fanning Debate," in *Biblical Greek Language and Linguistics: Open Questions in Current Research*, ed. Stanley E. Porter and D. A. Carson (JSNTSup 80; Sheffield: Sheffield Academic Press, 1993), 25.

2) 이것과 병행하여, 접두모음은 전통적인 분석들이 기술하듯이, 과거 시간 지시의 표지라기 보다는 원격의 형태론적인 표지이다. 이 논의의 개관을 보려면, Campbell, *Indicative Mood*, 88-91를 보라.

념이다. 그 관점은 그 거리 행진이 먼 거리로부터 보여진다는 것 때문에 요약되어 제시되는 관점이다.

원격성이라는 개념은 의미론적인 값으로 간주된다. 부정과거 시제 형태가 사용될 때 그것은 항상 그렇게 사용된다. 그러나 화용론적인 기능들의 범위를 가지기도 한다. 원격성이 가지고 있는 주요한 화용론적 기능이 과거 시간 지시라는 것은 충분히 이해될 수 있다. 실제로, 원격성의 의미론적인 값은 부정과거 시제 형태의 약 85퍼센트 정도가 과거 시간 지시로서 화용론적으로 표현된다는 데서 알 수 있다. 과거에 있었던 사건은 본질적으로 멀다-시간적으로 멀다. 그래서 과거 시간 지시는 여전히 부정과거 시제 형태의 주요한 용례들 중의 하나로 간주되고 있다. 그러나 그것은 의미론적인 의미의 한 부분이라기 보다는 부정과거의 화용론적인 표현으로 이해해야 한다.

원격성이라는 개념은 또한 과거를 지시하지 않는 15퍼센트의 부정과거에 대한 설명도 제공할 수 있다. 그런 부정과거들은 현재나 미래를 지시하기도 하지만 여전히 먼 것으로 간주된다. 이러한 경우들의 차이점은 그 원격성이라는 개념이 시간적으로 멀다는 것을 말하는 것이 아니다. 시간적인 원격성 외에 논리적인 원격성과 같은 다른 종류의 원격성이 있다.

앞에서 다루었던 마가복음 1장 11절의 예로 다시 돌아가 보면, 원격성이라고 하는 개념은 부정과거 εὐδόκησα를 이해하는데 핵심적인 것을 제공한다. 부정과거 직설법 속에 기호화되어 있는 원격성의 의미론적 가치는, 이 예문에서는 과거 시간 지시를 제공하는 기능을 하지 않는다. 그 대신에 원격성은 그 장면을 위에서 내려다보는 관점을 제공하는 완료상과 함께 기능한다. 하나님 아버지께서 하늘로부터 말씀하실 때, 그는 그의 아들에게 평가를 한다 - 그가 기뻐한다. 그 상황 속에서 특정한 것들이 지시하는 것이 있다. 이러한 평가가 하늘로부터 내려오는 것이고 땅의 상황을 부서뜨린다. 하늘들이 **갈라졌고** 성령이 비둘기와 같이 **내려왔다**(10절)고 우리는 듣는다. 말하자면, 이러한 요소들의 효과는 예수에 대한 하늘의 **결정**이 **하늘로부터 땅으로** 전달되고 있다는 것이다.

이 **결정**은 다른 특정한 동작과 관련하여 주어지는 것이 아니라, 전체적으로 예수-그의 인격과 사역들-를 가리킨다. 그 자체 만으로도 여기에 보다 더 적절한 시제 형태는 없다. 부정과거는 요약된 관점을 제공한다. 그것이 사용된 것은 완료상 때문에 그리고 예수의 삶이 멀리서부터 보여지기 때문이다. 이것은 그 하나님 아버지께서 아들로부터 관계적으로 멀리 있다거나 그런 관점에서 멀리 있다는 것을 함의하는 것은 아니다. 오히려 이런 경우는 그가 전체적으로 보기 위하여 멀리 떨어져서 그 아들을 보고 있다. 하나님께서 헬리콥터 안에 계신 것은 아니다(!). 그러나 이 장면은 헬리콥터로부터-그것 너머 하늘로부터- 보는 것과 유사한 관점을 제공하는 것이 가능하게 한다.

서사 기능

멀리 떨어져 있는 완료상 시제 형태로서의 부정과거 직설법은 서사 본문들에서 중요한 역할을 한다. 부정과거 직설법은 동작의 개관적인 관점(또는 헬리콥터적 관점)을 제공하고 동작을 요약해서 묘사하기 때문에 서사의 뼈대가 되는 구조를 개관하는데 종종 사용된다. 서사 안에서 사건들의 기초적인 개관이 부정과거 형태를 통해서 재빨리 연달아 제시된다. 예를 들면, 예수께서 가셨다 … 이런 일이 있었다 … 예수께서 말씀하셨다 … 등과 같다. 다음 구절을 살펴보자.

마태복음 8:32-34

καὶ **εἶπεν** αὐτοῖς· ὑπάγετε. οἱ δὲ ἐξελθόντες **ἀπῆλθον**
εἰς τοὺς χοίρους· καὶ ἰδοὺ **ὥρμησεν** πᾶσα ἡ ἀγέλη
κατὰ τοῦ κρημνοῦ εἰς τὴν θάλασσαν καὶ **ἀπέθανον** ἐν
τοῖς ὕδασιν. 33 οἱ δὲ βόσκοντες **ἔφυγον**, καὶ ἀπελθόντες
εἰς τὴν πόλιν **ἀπήγγειλαν** πάντα καὶ τὰ τῶν δαιμονιζομένων.
34 καὶ ἰδοὺ πᾶσα ἡ πόλις **ἐξῆλθεν** εἰς ὑπάντησιν τῷ
Ἰησοῦ καὶ ἰδόντες αὐτὸν **παρεκάλεσαν** ὅπως μεταβῇ
ἀπὸ τῶν ὁρίων αὐτῶν.

저희더러 가라 **하시니** 귀신들이 나와서 돼지에게로 **들어가는지라** 온 떼가 비탈로 **내리달아** 바다에 들어가서 물에서 **몰사하거늘** 치던 자들이 **달아나** 시내에 들어가 이 모든 일과 귀신들린 자의 일을 고하니 온 시내가 예수를 만나려고 **나가서 보고** 그 지방에서 떠나시기를 **간구하더라**

이 짧은 세 구절 속에 동작을 표현하는 상당히 많은 양의 단어들이 들어있다. 이야기는 악한 영들을 내쫓는 예수에게서 시작하여 예수를 내쫓는 마을 사람들로 옮겨간다. 그 구절은 빠르고 압축적이며 상당히 멀리 간다. 이런 것이 서사에서 사용되는 부정과거의 효과이다.

일반적으로 서사들은 사건의 골격이 되는 개관뿐만 아니라 많은 정보들을 제공한다. 그러나 그러한 세부적인 사항들은 다른 시제 형태들에 의해서 전달된다. 기본적인 동작들은 일반적으로 부정과거들이 표현한다. 그리고 이러한 사실은 우리로 하여금 그 이야기들의 본질적인 구조를 깨달을 수 있도록 한다. 그러나 이 서사 기능은 화용론적이라는 사실을 빠뜨리지 않는 것이 중요하다. 그것은 부정과거가 의미론적 본질로부터 나온, 이야기 내부에 가지고 있는 하나의 기능이다. 부정과거가 종종 서사 본문들 내에서 다른 역할들을 수행하고, 다른 시제 형태들이 이야기의 중심적인 흐름을 개관하는데 사용되기도 한다. 그러나 이것은 염려할 것은 아니다. 왜냐하면 우리는 지금 변할 수 있고 취소될 수도 있는 화용론에 대해서 말하고 있기 때문이다.

미래 시제 형태

미래 시제 형태의 동사 상은 학문적인 영역에서는 아직 해결되지 못한 문제다. 어떤 학자들은 미래 시제가 비-상적(non-aspectual)이라고 제안하는 반면에, 다른 학자들은 완료상과 미완료상의 결합이라고 말하기도 한다. 비록 그러한 것들을 미래 시제 형태와 함께 판단해야 하는 어려움이 미래의 사건에 대해서 말하는 것과 관련 있는 문제들로부터 발생하지만, 여기서는 연관된 이슈들을 다루지 않을 것이다. 내가 어디선가 논증했듯이, 미래 시제 형태는 상에서는 완료상이다. 그 입장을 여기서도 채택한다.[3)]

더군다나, 미래 시제 형태는 실제 시제이다. 다시 말하자면, 미래 시간 지시는 그 형태의 의미론적 자질이다. 이것은 모든 미래는 미래 시간을 가리킨다는 사실에 의해서 쉽게 확증할 수 있다. 과거를 지시하는 미래도 없고 현재를 지시하는 미래도 없다. 미래 시제는 항상 미래 시간을

3) See Campbell, *Indicative Mood*, 127-60.

지칭한다.

그래서 미래 직설법 시제 형태의 의미론적 값은 완료상이고 미래 시간 지시이다. 비록 미래 시간 지시가 원래 원격적이라는 것은 분명히 해야 하지만, 원격성은 미래 시제 형태의 분리되어 있는 의미론적 자질이 아니다. 이것은 단순히 미래 시제 지시의 결과물이지 그 거꾸로가 아니다.

이런 식으로, 부정과거 시제 형태들과 미래 시제 형태들은 밀접하게 연관되어 있지만 서로 구별된다. 그 둘 다 완료상을 공유하지만, 부정과거는 의미론적으로 원격성의 공간적인 값을 기호화하는 반면에, 미래는 의미론적으로 미래 시간 지시를 기호화한다.

제4장
미완료상

미완료상은 내부로부터 보는 관점-동작이 마치 눈 앞에서 전개되는 것처럼 제시하는 관점-을 제공한다. 이것은 헬리콥터를 타고 멀리서 보는 관점이라기 보다는 그 거리 행진이 지나가는 거리에서 그 행진을 보는 관점이다. 거리에서 보는 관점은 우리가 그 동작이 전개되는 것을 바라보고 있는 그런 인상을 준다. 거리 행진의 앞 부분과 마지막 부분을 한 눈에 다 볼 수는 없지만, 그 행진이 어떻게 전개되는지 상세한 부분들을 감상할 수 있다.

현재 시제 형태

현재 시제 형태는 보편적으로 상에서는 미완료상으로 간주된다. 이것은 현재 시제는 내부에서 바라보는 관점으로 동작을 묘사한다는 것을 의미한다. 우리는 우리 눈 앞에서 그 동작이 전개되는 것처럼 바라본다. 영어로 말하면 좀 더 쉽게 이해가 될 것이다. "he is walking down the street 그가 그 길을 걸어 내려가고 있다." 이 문장은 우리가 그 일이 발생하고 있는 것을 바라보고 있는 것처럼 우리 앞에 명백하게 제시된다. 다음과 같은 헬라어 구절들은 좋은 예가 될 것이다.

마가복음 4:14-20

ὁ σπείρων τὸν λόγον **σπείρει**. 15 οὗτοι δέ **εἰσιν** οἱ παρὰ τὴν ὁδόν· ὅπου **σπείρεται** ὁ λόγος καὶ ὅταν ἀκούσωσιν, εὐθὺς **ἔρχεται** ὁ σατανᾶς καὶ **αἴρει** τὸν λόγον τὸν ἐσπαρμένον εἰς αὐτούς. 16 καὶ οὗτοί **εἰσιν** οἱ ἐπὶ τὰ πετρώδη σπειρόμενοι, οἳ ὅταν ἀκούσωσιν τὸν λόγον εὐθὺς μετὰ χαρᾶς **λαμβάνουσιν** αὐτόν, 17 καὶ οὐκ **ἔχουσιν** ῥίζαν ἐν ἑαυτοῖς ἀλλὰ πρόσκαιροί εἰσιν, εἶτα γενομένης θλίψεως ἢ διωγμοῦ διὰ τὸν λόγον εὐθὺς **σκανδαλίζονται**. 18 καὶ ἄλλοι **εἰσὶν** οἱ εἰς τὰς ἀκάνθας σπειρόμενοι· οὗτοί **εἰσιν** οἱ τὸν λόγον ἀκούσαντες, 19 καὶ αἱ μέριμναι τοῦ αἰῶνος καὶ ἡ ἀπάτη τοῦ πλούτου καὶ αἱ περὶ τὰ λοιπὰ ἐπιθυμίαι εἰσπορευόμεναι **συμπνίγουσιν** τὸν λόγον καὶ ἄκαρπος γίνεται. 20 καὶ ἐκεῖνοί εἰσιν οἱ ἐπὶ τὴν γῆν τὴν καλὴν σπαρέντες, οἵτινες ἀκούουσιν τὸν λόγον καὶ **παραδέχονται** καὶ **καρποφοροῦσιν** ἓν τριάκοντα καὶ ἓν ἑξήκοντα καὶ ἓν ἑκατόν.

뿌리는 자는 말씀을 **뿌리는** 것이라 말씀이 길 가에 **뿌리웠다**는 것은 이들**이니** 곧 말씀을 들었을 때에 사단이 즉시 **와서** 저희에게 뿌리운 말씀을 **빼앗는** 것이요 또 이와 같이 돌밭에 뿌리웠다는 것은 이들**이니** 곧 말씀을 들을 때에 즉시 기쁨으로 **받으나** 그 속에 뿌리가 **없어** 잠간 견디다가 말씀을 인하여 환난이나 핍박이 일어나는 때에는 곧 넘어지는 **자요** 또 어떤이는 가시떨기에 뿌리우는 **자니** 이들은 말씀을 듣되 세상의 염려와 재리의 유혹과 기타 욕심이 들어와 말씀을 **막아** 결실치 못하게 **되는 자요** 좋은 땅에 **뿌리웠다는** 것은 곧 말씀을 **듣고 받아** 삼십배와 육십배와 백배의 결실을 **하는 자니라**

이 구절에서 예수께서는 제자들의 눈 앞에 그 의미들을 펼쳐놓는 식으로 씨 뿌리는 자의 비유를 설명한다. 흥미로운 것은 4장 3-8절에서 실제적으로 말씀하신 그 비유는 현재 시제가 아니라 부정과거 직설법을 사용했다는 것이다. 비유라는 것은 이야기 사이에 끼워져 있는 하나의 작은 이야기이기 때문에, 비유를 부정과거 시제로 적는 것이 자연스럽다는 것은 놀라운 일이 아니다. 그러나 여기서 주목해야 하는 것은 예수께서 그 이야기가 무슨 뜻인지를 설명할 때, 그는 마치 그 이야기를 터놓고 하는 것처럼 말하고 있다. 그 이야기가 무슨 뜻인지를 설명함으로써 예수께서는 그의 원래 이야기를 일반적인 가르침으로 바꾸고 있다: "말씀이 뿌려질 때 이런 일이 있었다…"

근접성

현재 시제는 상의 관점에서 볼 때 미완료상으로 간주되는 유일한 시제 형태는 아니다. 미완료과거 시제 형태는 보편적으로 미완료상으로 간주된다. 그래서 이 두 미완료상 시제 형태들이 서로 어떻게 구분될 수 있는지에 대한 질문이 반드시 발생한다. 전통적으로는, 시제가 현재 시제 형태와 미완료과거 시제 형태를 구분하는 요소로 이해되었다. 미완료과거는 과거 시제이고 현재는 현재 시제이다.

그러나 지금까지 채택된 공간적인 접근과 일관성 있게, 포터는 그 구분하는 요소가 원격성이라고 제안했음을 우리는 주목해야 한다. 미완료과거시제는 미완료적이고 원격적인 반면에, 현재시제는 미완료상이고 비원격적(non-remote)이다. 나는 어디선가 비원격성, 즉 원격성이 없음이 **근접성**(近接性 proximity)으로 대체되어야 한다고 논증했다. 근접성은 단순히 원격성의 부재가 아니라 그 자체의 실재적인 가치를 가지고 있다. 그것은 원격성과 대립된다. 그 자체 만으로도, 미완료과거 시제 형태는 상에서는 원격성의 공간적인 값을 지닌 미완료상인 반면에, 현재 시제 형태는 상에서는 근접성의 공간적인 값을 지닌 미완료상이다. 이것은 아래와 같이 도표로 나타낼 수 있다.

원격적 미완료성(미완료과거 시제 형태)　　근접적 미완료성(현재 시제 형태)

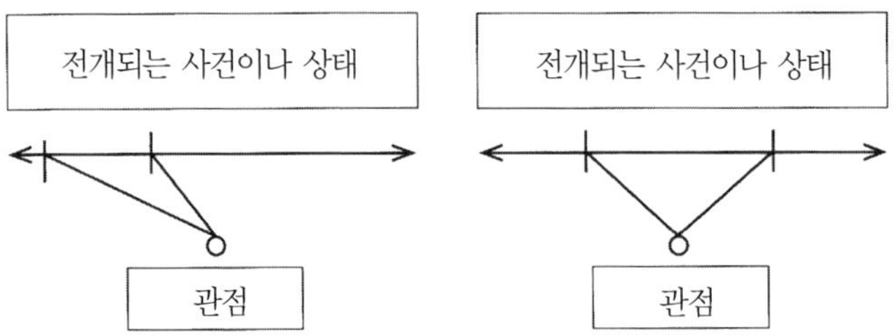

이 도표가 거리에서 리포터의 미완료적 관점을 나타내고 있다고 상상해보라. 두 번째 도표-미완료상과 근접성-는 리포터의 바로 정면에서 거리 행진이 일어나고 있는 관점을 묘사한다. 그는 그의 눈 앞에서 전개되고 있는 거리 행진을 보고 있는 것일 뿐만 아니라, 바로 자기 자신 앞에서 그 자신과 가장 가까운 거리행진의 그 부분을 보고 있다. 반면에, 첫 번째 도표-미완료상과 원격성-는 그 거리를 약간 내려다보고 있을 때 거리 행진을 보는 관점을 묘사한다.

그가 그의 눈 앞에 전개되고 있는 거리 행진을 볼 때, 그 자신 바로 앞에서 일어나고 있는 거리 행진의 그 부분을 보고 있는 것이 아니라, 그 거리 행진을 더 멀리 내려다보고 있다. 비록 그가 그 거리 행진이 전개되고 있는 것을 보고 있지만, 거리 행진의 이 부분이 아주 가깝지는 않다.

서사 기능

서사가 나오는 본문들에서 직접적이든 간접적이든 저자의 서사 속에서든 담화 속에서 현재 시제 형태가 가장 자주 발견된다. 이러한 사실은 위에서 제시했듯이 현재 시제라는 의미론적 분석과 맞아떨어진다. 왜냐하면 담화는 미완료적이고 근접성을 가진 본문을 만들어내기 때문이다. 이것이 의미하는 것은 담화가 서사 속에서 묘사될 때마다 독자들의 눈앞에 제시될 때 독자들을 이야기 속으로 이끄는 효과를 가지고 있다. 그것은 마치 바로 우리 눈 앞에서 사건들이 전개되는 것을 보고 있는 것과 같다. 그것만으로도 담화는 본래적으로 미완료적인 상황(우리는 그것이 전개되는 것을 본다)과 근접한 상황(그것은 마치 우리가 바로 거기 있는 것처럼 느껴진다)을 만든다.

이것이 바로 현재 시제 형태가 담화에 아주 잘 들어맞는 이유이다. 미완료적이고 근접한 상황에 자연적으로 맞는 것은 미완료상과 근접성을 가진 시제형태다. 이것이 현재 시제 형태가 가지는 유일한 기능은 아니지만, 서사 문학에서 주요한 화용론적 기능들 중의 하나이다. 현재 시제 형태를 사용하는 유명한 비-담화(nondiscourse)로는 소위 역사적 현재라고 불리는 것이 있다. 이제 그것에 대해서 살펴보겠다.

역사적 현재

이 용어는 과거를 가리키는 현재 시제 형태의 가장 일반적인 현상을 가리킨다. 신약성경에서 역사적 현재는 특별히 마가복음과 요한복음에서 흔하게 나타난다. 역사적 현재에는 현재 시제와 함께 사용되는 어휘소의 두 가지 독특한 그룹들에서 기인하는 두 가지 유형이 있다. 역사적 현재로 사용되는 첫 번째 어휘소의 그룹은 추진 동사들(verbs of propulsion)

이다. 이러한 동사들에는 가다와 오다, 주다와 받다, 올리다와 내리다 등등이 있다. 기본적으로 이런 동사들은 하나의 지점에서 다른 지점으로 추진하는 그런 종류의 동사들이다.

두 번째 어휘소 그룹은 담화를 소개하는 동사들로 구성되어 있다. 그러한 동사들에는 말하다, 생각하다, 쓰다 등등이 있다. 그 동사들은 전형적으로 말, 생각, 그리고 다른 유형의 담화로 연결되는 동사들이다. 역사적 현재는 7장에서 다시 다루겠지만, 여기서는 역사적 현재를 보여주는 두 가지 유형의 구절들을 다음과 같이 간단히 살펴보겠다.

요한복음 8:3-4

3 **Ἄγουσιν** δὲ οἱ γραμματεῖς καὶ οἱ Φαρισαῖοι γυναῖκα ἐπὶ μοιχείᾳ κατειλημμένην καὶ στήσαντες αὐτὴν ἐν μέσῳ 4 **λέγουσιν** αὐτῷ διδάσκαλε, αὕτη ἡ γυνὴ κατείληπται ἐπ᾽ αὐτοφώρῳ μοιχευομένη·

서기관들과 바리새인들이 간음 중에 잡힌 여자를 **끌고 와서** 가운데 세우고 예수께 **말하되** 선생이여 이 여자가 간음하다가 현장에서 잡혔나이다

동사 ἄγουσιν은 추진 동사인 반면에 λέγουσιν은 그 다음에 나오는 직접 화법의 담화를 도입한다. 나중에 좀 더 자세히 풀어서 설명하겠지만, 근접성의 공간적 값과 함께, 상에서는 미완료상으로 현재시제 형태가 의미론적으로 기술된다는 사실은 왜 이러한 어휘소들이 역사적 현재와 함께 사용되는지에 대한 가장 좋은 설명을 제공한다.

미완료과거 시제 형태

위에서 언급했듯이, 미완료과거 시제 형태가 상에서는 미완료상이고, 원격성의 공간적인 값을 가지고 있다. 이런 식으로 미완료과거는 두 시제 형태 즉, 현재 시제 형태와 부정과거 시제 형태와 의미론적인 값을 공유한다. 미완료과거는 현재 시제 형태와 미완료상을 공유하고 과거 시제 형태와는 원격성을 공유한다.

부정과거 시제와 원격성을 공유한다는 것은 미완료과거 시제가 담화보다는 서사 그 자체에서 발견된다는 것을 또한 의미한다. 부정과거 시제가 서사 그 자체의 골격이 되는 구조를 제공하는 반면에, 미완료과거 시제는 보충적인 정보를 전달하는 경향이 있다. 이러한 보충적인 정보들은 서사의 핵심적인 부분들이 제공하지 않는 정보를 줌으로써 서사에 기여한다. 그것은 묘사하고 설명하고 배경을 제공한다. 그것은 뼈대에 살을 입힌다. 미완료과거 시제 형태의 중요한 기능은 화용론적 특징이므로 취소될 수 있다.

미완료과거의 이러한 보충적인 기능은 의미론적인 의미와 잘 맞는다. 배경과 보충적인 정보들은 자연적으로 원격적인 상황을 만들어낸다. 왜냐하면 그것은 원격적인 서사의 주요한 부분들을 보충해주기 때문이다. 주요한 부분들은 자연적으로 원격적인 반면에 그것은 또한 자연히 완료적이다. 사건들은 요약되어 개관적으로 제시된다. 그 반대로, 보충적인 정보는 이야기의 줄거리를 벗어나있다. 그것은 중앙처리장치에서 독립되어 있는 오프라인이라고 부르는 것이 적절할 것이다. 그리고 보충적인 정보는 내부로부터 정보를 제공한다. 왜냐하면 그것은 외부적인 관점에서 요약을 통해서는 볼 수 없는 모든 것들을 세부적으로 묘사하고 이유들과 설명들을 제공하고 동기들을 명확하게 하기 때문이다. 우리는 다음에 나오는 예문들에서 부정과거 시제들과 미완료과거 시제들이 서사에서 상호 보완적인 기능들을 하고 있음을 보게 될 것이다. 부정과거 직설법은 볼드체로 되어 있고 미완료과거는 볼드체에 밑줄이 그어져 있다.

누가복음 9:42-45

42 ἔτι δὲ προσερχομένου αὐτοῦ **ἔρρηξεν** αὐτὸν τὸ δαιμόνιον καὶ **συνεσπάραξεν· ἐπετίμησεν** δὲ ὁ Ἰησοῦς τῷ πνεύματι τῷ ἀκαθάρτῳ καὶ **ἰάσατο** τὸν παῖδα καὶ ἀπέδωκεν αὐτὸν τῷ πατρὶ αὐτοῦ. 43 **ἐξεπλήσσοντο** δὲ πάντες ἐπὶ τῇ μεγαλειότητι τοῦ θεοῦ. Πάντων δὲ θαυμαζόντων ἐπὶ πᾶσιν οἷς **ἐποίει εἶπεν** πρὸς τοὺς μαθητὰς αὐτοῦ· 44 θέσθε ὑμεῖς εἰς τὰ ὦτα ὑμῶν τοὺς λόγους τούτους· ὁ γὰρ υἱὸς τοῦ ἀνθρώπου μέλλει παραδίδοσθαι εἰς χεῖρας ἀνθρώπων. 45 οἱ δὲ **ἠγνόουν** τὸ ῥῆμα τοῦτο καὶ ἦν παρακεκαλυμμένον ἀπ᾽ αὐτῶν ἵνα μὴ αἴσθωνται αὐτό, καὶ **ἐφοβοῦντο** ἐρωτῆσαι αὐτὸν περὶ τοῦ ῥήματος τούτου.

올 때에 귀신이 **거꾸러뜨리고** 심한 경련을 **일으키게 하는지라** 예수께서 더러운 귀신을 **꾸짖으시고** 아이를 **낫게 하사** 그 아비에게 **도로 주시니** 사람들이 다 하나님의 위엄을 **놀라니라** 저희가 다 그 **행하시는** 모든 일을 기이히 여길새 예수께서 제자들에게 **이르시되** 이 말을 너희 귀에 담아 두라 인자가 장차 사람들의 손에 넘기우리라 하시되 저희가 이 말씀을 **알지못하였나니** 이는 저희로 깨닫지 못하게 숨김이 되었음이라 또 저희는 이 말씀을 묻기도 **두려워하더라**

여기서 주목해야 하는 것은 이야기의 줄거리가 부정과거들-거꾸러뜨렸다, 일으키게 하였다, 꾸짖었다, 낫게 했다, 도로 주셨다, 말씀하셨다-을 사용한다는 것이다. 이 동사들은 이 서사 내에서 사건들을 연속으로 차례대로 전달하고 있다. 그러나 미완료과거들-놀라고 있었다, 알지 못하고 있었다, 두려워하고 있었다-는 보충적인 자료를 제공하고 있을 뿐이지 줄거리가 되는 동작을 전달하고 있지는 않다. 우리는 발생했던 동작들에 대한 제자들의 반응과 예수님의 말씀들에 대한 제자들의 반응과 그들이 예수님의 말씀에 대해서 묻기조차 두려워한다는 것을 듣는다. 이 정보는 서사의 주요한 줄거리를 형성하는데 기여하지는 않지만 독자들에게 제자들의 생각의 세계 속으로 들어가는 내부적인 관점을 제공한다.

제5장
완료 시제의 문제

완료 시제 형태와 과거완료 시제 형태의 의미론적인 본질은 헬라어 언어학에서 가장 큰 난제 중의 하나다. 이 문제를 풀기 위하여 수 많은 제안들이 제기되었다. 전통적인 분석에서부터 시작하여 완료상, 상태상, 그리고 미완료상이라는 주장까지 있었다. 이 장에서는 이러한 주요 이론들에 대해서 먼저 간략하게 다룬 후에, 완료를 상으로 분류할 때는 미완료상으로 분류해야 한다는 결론을 내릴 것이다.

완료 시제 형태

전통적으로 완료 시제 형태는 영향력이 진행중인 과거 동작을 지시하는 것으로 이해했다. 초기 시기에는 동작류를 설명하기 위하여, 완료는 하나의 점 그리고 하나의 선과 같다고 하였다. 이런 식으로 완료 시제는 부정과거 시제와 현재 시제의 결합-부정과거의 동작을 이어서 현재의 상태가 지속되는 것-이었다. 그러나 이러한 분석의 문제점은 설명대로 되지 않는다는 것이다. 이 설명을 따를 경우 훨씬 더 많은 예외 상황이 발생한다. 학자들이 제시하는 문법들이 설명하는 완료 시제들의 범주가 서로 중복이 되거나 다양하다는 것이 그것을 반영한다. 다음에 나오는 예문들은 그 문제점들을 보여준다.

많은 완료 시제들은 과거 동작을 표현하지 않는다. 단지 진행 중인 결과만 그려줄 뿐이다.

요한복음 1:26
ἀπεκρίθη αὐτοῖς ὁ Ἰωάννης λέγων· ἐγὼ βαπτίζω ἐν ὕδατι· μέσος ὑμῶν **ἕστηκεν** ὃν ὑμεῖς οὐκ **οἴδατε**,

요한이 대답하되 나는 물로 세례를 주거니와 너희 가운데 너희가 **알지 못하는** 한 사람이 **섰으니**

또 다른 예는 진행 중인 결과가 아니라 단지 과거 동작만 표현하는 완료 시제들이 있다.

요한계시록 8:5
καὶ **εἴληφεν** ὁ ἄγγελος τὸν λιβανωτὸν καὶ ἐγέμισεν αὐτὸν ἐκ τοῦ πυρὸς τοῦ θυσιαστηρίου
천사가 향로를 **가지고** 단 위의 불을 담아다가 땅에 쏟으매

위의 두 개의 예문들은 완료 시제에 대한 전통적인 설명이 직면하는 문제점들을 보여주는 단지 두 개의 증상들만 제시한 것이다. 이 주제에 대해서 문법서들이 다양하게 설명하는 것들을 보라.

불행하게도, 동사 상은 그 문제를 그렇게 쉽게 해결하지는 못했다. 이제 우리는 상과 관련하여 완료 시제를 분석하기 위해 학자들이 시도했던 다양한 이론들을 간략하게 개관할 것이다.

상태상

앞에서 언급하지 않은 상이 하나 있는데 그것은 상태상이라고 불린다.

맥케이에 따르면, 상태상은 동사의 주어의 상태 또는 있는 상태를 관찰한다.[1)]

누가복음 20:21
καὶ ἐπηρώτησαν αὐτὸν λέγοντες· διδάσκαλε, **οἴδαμεν** ὅτι ὀρθῶς λέγεις καὶ διδάσκεις καὶ οὐ λαμβάνεις πρόσωπον, ἀλλ᾽ ἐπ᾽ ἀληθείας τὴν ὁδὸν τοῦ θεοῦ διδάσκεις·

그들이 물어 가로되 선생님이여 우리가 **아노니** 당신은 바로 말씀하시고 가르치시며 사람을 외모로 취치 아니하시고 오직 참으로써 하나님의 도를 가르치시나이다

맥케이의 접근법에 따르면, 여기서 사용된 완료 시제는 예수께서 바르게 말씀하시고 가르치시는 것을 그 제자들(우리)이 아는 상태에 있다는 것을 지시한다고 설명한다. 그 완료 시제의 의미는 그들이 아는 상태에 있다는 것을 전달한다. 여기까지는 괜찮다.

그러나 문제는 맥케이의 그 완료에 대한 개념에서 발생한다. 그 상태가 그 동사의 목적어가 아니라 그 동사의 주어의 탓이라고 보기에는 어려운 경우들이 문제다. 이 문제는 그 완료 시제에 대한 전통적인 분석을 주장하는 학자들의 입장을 늘 곤란하게 했다. 예를 들면, 웨커내이절이 상태성(stativity)은 그 동사의 목적어에 적용시키는 것으로 이해해야 한다고 주장한다. 반면에,[2)] 맥케이는 그와는 다른 주장을 한다. 즉, 그 완

1) McKay, *Syntax of the Verb*, 31.
2) JakobWackernagel, "StudienzumgriechischenPerfectum," in *Programmzurakademischen Preisverteilung* (n.p., 1904), 3-24. Repr., idem, *KleineSchriften* (Göttingen: Vandenhoeck und Ruprecht, 1953), 1000-1021.

료의 의미를 그 동사의 목적어에 전이할 수 없다고 제시한다. 이 부분에서는 맥케이가 옳다. 분명히 그렇게 할 필요가 있다는 것은 우리가 완료 시제를 이해하는 것이 큰 문제가 있음을 보여준다. 그런 경우, 맥케이는 주어가 **그 동작에 대한 책임이 있는 것으로** 보여져야 한다고 논증한다.[3] 이러한 진술은 많은 경우에 맞아떨어지는 것처럼 보인다. 그러나 그럴 경우 더 심각한 문제가 발생하는 경우들이 있다. 아래에서 그 예문들을 살펴보겠다.

요한복음 7:22

διὰ τοῦτο Μωϋσῆς **δέδωκεν** ὑμῖν τὴν περιτομήν - οὐχ ὅτι ἐκ τοῦ Μωϋσέως ἐστὶν ἀλλ᾽ ἐκ τῶν πατέρων - καὶ ἐν σαββάτῳ περιτέμνετε ἄνθρωπον.

모세가 너희에게 할례를 **주었으니** (그러나 할례는 모세에게서 난 것이 아니요 조상들에게서 난 것이라)그러므로 너희가 안식일에도 사람에게 할례를 주느니라

이 문장은 완료 시제 동사가 여기서 기대하는 것처럼 주어가 책임이 있는 것이 아닌 것을 보여주는 좋은 예문이라 할 수 있다. 맥케이의 접근에 따르면, 주어로서 모세는 할례를 주는 데 책임이 있는 것으로 보여져야만 한다. 그러나 그 구절 자체가 명시적으로 말하고 있듯이 할례를 준 사람은 모세가 **아니라** '조상들' 이다. 따라서 완료의 강조점은 주어의 책임을 강조하는 것이라고 결론을 내리려고 하는 것은 핵심을 잘못 짚은 것이며 분명히 잘못된 추론에 의해 나온 결과이다. 맥케이가 상태상을

3) McKay, *Syntax of the Verb*, 32.

해석하는 데 난항을 겪었던 것과 같이 그런 식의 다른 문제들이 또 있다.[4)]

포터는 상태상에 대한 또 다른 해석을 제공한다. 그에 따르면, 상태상이란 일의 일반적인 상태를 지시한다.[5)] 이러한 개념이 가지고 있는 강점은 완료에 대한 상태적인 개념들이 문제를 불러일으키고 있었는데, 그 초점을 동사의 주어로부터 옮겨서 일반적인 상태라는 것을 만든다.

요한복음 12:23
ὁ δὲ Ἰησοῦς ἀποκρίνεται αὐτοῖς λέγων· **ἐλήλυθεν** ἡ ὥρα ἵνα δοξασθῇ ὁ υἱὸς τοῦ ἀνθρώπου

예수께서 대답하여 가라사대 인자의 영광을 얻을 때가 **왔도다**.

포터에 따르면, 이 구절에서 완료는 일의 새로운 상태를 지시한다. 그 때가 왔다. 그리고 이제 상황들이 달라진다. 포터의 상태상은 여기서는 잘 맞아떨어진다. 실제로 다른 많은 경우들에서도 그렇다.

그럼에도 불구하고, 상태상을 이렇게 해석할 경우에도 역시 중대한 문제가 발생한다. 먼저, 포터의 상태상은 정의하기가 어렵다. 그리고 다른 언어들에서 상의 종류와 비교가 되지 않는다. 더군다나 아래의 예문에서 보여주듯이, 적용하기가 어렵고 이따금씩 아주 억지를 부리는 듯한 주해를 낳기도 한다.

---

4) See Campbell, *Indicative Mood*, 166-69.

5) Stanley E. Porter, *Idioms of the Greek New Testament* (2nd ed.; Biblical Languages: Greek 2; Sheffield: Sheffield Academic Press, 1994), 21-22.

요한복음 5:33
ὑμεῖς **ἀπεστάλκατε** πρὸς Ἰωάννην, καὶ **μεμαρτύρηκεν** τῇ ἀληθείᾳ·

너희가 요한에게 사람을 **보내매 요한이** 진리에 대하여 **증거하였느니라**

이런 의문이 생긴다. 이 두 완료형이 어떻게 하나의 새로운 일의 상태를 지시할 수 있겠는가? '요한에게 보냈음' 의 상태가 있다는 것을 첫 번째 완료에 의해서 이해해야 하는가? 두 번째 완료가 '요한이 예수에 대해서 증거했음' 의 상태를 지시하는가? 다시 말하지만, 상태상을 이런 식으로 이해하려고 하면 여러 가지 문제들이 발생한다.[6)]

그러나 아마도 무엇보다도 가장 심각한 것은 상태성이라는 것이 일반적으로는 상적인 값으로 간주되지 않는다는 사실일 것이다. 모든 언어들에서 그리고 모든 언어학 이론들에서 상태성은 동작류이지 상은 아니다.

완료상

패닝은 상태상과 관련하여 상태성은 동작류이지 상이 아니다라고 결론짓는다.[7)] 패닝과 올슨의 해결책은 완료 시제 형태를 상에서는 완료상으로 분류하는 것이다. 그것은 최소한 전문용어로 분류한다는 차원에서는 맞다. 완료 시제를 상에서는 완료상이라고 간주하는 이유들 중의 하나는, 학문계에서는 헬라어 전체 역사를 통해서 볼 때 완료 시제는 결국

6) See Campbell, *Indicative Mood*, 169-75.
7) Buist M. Fanning, "Approaches to Verbal Aspect in New Testament Greek: Issues in Definition and Method," in *Biblical Greek Language and Linguistics: Open Questions in Current Research* (ed. Stanley E. Porter and D. A. Carson; JSNTS 80; Sheffield: Sheffield Academic Press, 1993), 49-50.

의미적으로는 부정과거로 합쳐졌다고 믿고 있기 때문이다.

올슨은 완료 시제를 상으로는 완료상이고, 시제로는 현재라고 생각한다.[8] 그러나 여기서 아주 중요한 문제가 하나 있는데, 그것은 많은 완료 시제들이 현재를 지시하지는 않는다는 것이다. 예를 들면, 위에서 언급했듯이 요한복음 5장 33절도 그런 경우다. 만약 현재 시제 지시가 완료 시제의 의미론적 값으로 간주된다면, 완료 시제의 용례들 중에서 많은 예들이 설명되지 않는다.

그러나 패닝은 좀 더 복잡한 도식을 제시한다. 그는 완료 시제 형태를 상에서는 완료상으로 시간 지시에서는 현재로 동작류에서는 상태상으로 간주한다.[9] 바꿔 말하자면, 패닝은 의미론적으로 명확하게 다른 세 개의 값을 제안한다. 그것은 완료상, 현재 시제, 상태 동작류이다. 동작류가 의미론적으로 다른 값을 가질 수 있느냐 하는 문제는 제쳐두더라도, 이러한 개념은 다른 질문들을 불러일으킨다. 상태상이 아닌 완료들은 어떻게 되는가? 시간 지시에서 현재가 아닌 완료들은 어떻게 되는가?

이러한 모델들이 가지고 있는 더 큰 문제점은 완료 상 자체가 완료 시제 형태의 용례를 적절하게 설명하지 못한다는 것이다. 예를 들면, 완료 상이 상태적인 어휘소들과 조화가 잘 되지 않는다. 이 모델은 οἶδα와 같은 어휘소들을 제대로 설명할 수 없다. 그래서 패닝은 이러한 어휘소들을 예외로 취급한다. 그러나 그럴 경우 신약 성경에서 완료로 표현되어 있는 용례 중 대략 삼분의 이 정도가 예외로 취급되어야 한다는 사실을 주목해야 한다. 이에 반하여, 이것은 완료 시제 형태를 완료 상으로 설명하려는 것은 설득력이 충분하지 않다는 것을 보여주고 있음을

8) Olsen, *Aspect*, 202, 232.
9) Fanning, *Verbal Aspect*, 112-20.

의미한다.[10)]

미완료상

이 논쟁에서 간과하고 있는 사실은, 용례를 놓고 볼 때 완료 시제는 부정과거 시제와 관련이 있어 보이는 것보다 훨씬 더 현재 시제와 비슷하다는 것이다. 사실은, 서사 본문들에서 완료 용례의 유형들이 실제적으로는 현재 시제의 용례의 유형들과 일치한다. 서사 본문들에서 거의 모든 완료 직설법은 현재 시제와 같이 담화 내에서 나온다. 더군다나, 완료 시제가 담화 내에서 나오지 않을 때는, 현재 시제가 담화 내에서 나오지 않을 때 현재가 하는 것과 동일한 유형을 완료 시제가 보여준다. 현재 시제가 추진 동사들과 담화를 도입하는 동사들과 함께 역사적 현재를 만드는 것과 같이 완료 시제도 역시 그렇다. 이러한 증거들은 다음과 같은 질문을 불러일으킨다. 완료 시제가 현재 시제의 상을 공유하는가? 같은 상을 공유한다는 것이 용례의 유형들이 일치하는 것을 설명할 수 있는가?

내가 광범위하게 논증했듯이 그에 대한 대답은 '그렇다' 이다. 에반스의 주장과 같이, 완료 시제 형태는 상으로 말하자면 미완료상이다. 그것이 바로 왜 미완료 시제 형태와 현재 시제 형태가 그렇게 유사한 방식으로 작동하는지에 대한 이유라고 나는 논증한다.[11)]

완료 시제를 미완료상으로 설명하는 것은 완료 시제 형태와 현재 시

---

10) See Campbell, *Indicative Mood,* 189-93.

11) Campbell, *Indicative Mood*, 184-89를 보라. T. V. Evans, "Future Directions for Aspect Studies in Ancient Greek," in *Biblical Greek Language and Lexicography: Essays in Honor of Frederick W. Danker*, ed. Bernard A. Taylor et al. (Grand Rapids: Eerdmans, 2004), 206.

제 형태의 유사한 용례들을 설명해줄 수 있을 뿐만 아니라, 완료 시제의 용례에서 발견되는 많은 상태적인 어휘소들도 모순 없이 조화가 잘 되게 한다. 대부분의 언어에서 미완료상은 상태성이 자연스러운 고향과 같다. 그와 같이 완료 시제를 미완료상으로 보는 모델은 항상 관찰되어 왔던 것과 잘 들어맞는다. 즉, 완료 시제는 종종 상태성을 전달한다.

그러나 미완료상 모델은 또한 상태적이지 않은 완료 시제들을 설명할 수 있다. 미완료상 모델은 역시 다른 유형의 어휘소들과 조화를 이룰 수 있다. 또한 부정과거 시제와 같이 활동하는 것처럼 보이는 완료 시제들을 지시하는 과거 시제를 설명할 수 있다. 현재 시제 형태가 과거를 지시하는 것으로 사용될 수 있는 것(역사적 현재)과 같이 완료 시제도 그럴 수 있다(역사적 완료). 따라서, 완료 시제 형태의 의미론적인 의미와 관련하여 미완료상 모델은 가장 강력한 설득력을 가지고 있다.

강화된 근접성

그래서 만약에 완료 시제 형태가 상으로 말하자면 미완료상이라고 한다면, 완료 시제 형태가 현재 시제 형태와 미완료과거 시제 형태와 무엇이 다른가 하는 것에 의문을 품어야 한다. 나는 완료 시제가 의미론적으로는 미완료상을 그리고 **강화된 근접성**(heightened proximity)이라는 공간적 값을 기호화한다고 주장한다. 이런 식으로, 완료 시제는 현재 시제와 같이 가장 근접해 있다. 그러나 사실은 현재 시제보다 훨씬 더 근접해있다. 이것을 아래에 있는 도표와 같이 표현할 수 있을 것이다.

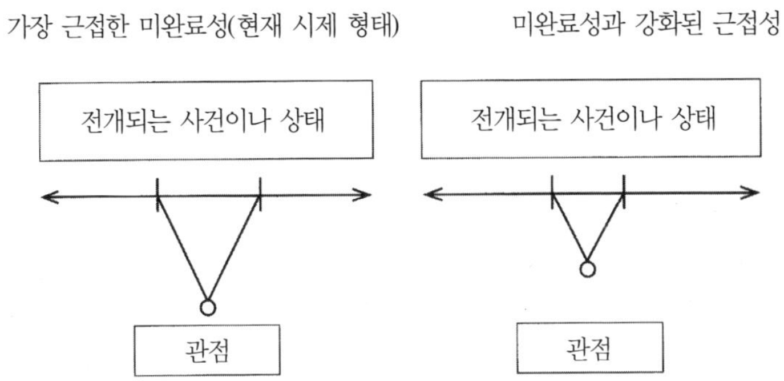

리포터와 거리 행진의 예를 다시 사용한다면, 두 번째 도표는 그 거리 행진에 한 걸음 더 가까이 간 것을 표현한다. 그 거리 행진은 앞에서와 마찬가지로 그의 바로 눈 앞에서 전개되고 있다. 그러나 지금은 훨씬 더 근접해있다. 그는 그 동작을 더 가까운 위치에서 보고 있다. 이러한 더 가까운 위치에서 보는 관점의 효과는 그 동작을 확대함으로써 그 동작에 집중시킨다.

근접성과 같이, 강화된 근접성은 미완료상과 더불어 의미론적 가치로 간주된다. 그러므로 완료 시제는 의미론적으로는 미완료상을 그리고 강화된 근접성이라는 공간적인 가치를 기호화한다. 그 자체만으로도, 완료 시제를 **초-현재**(super-present)라고 생각하는 것이 적절할 것이다.

과거완료 시제 형태

모든 사람들은 완료 시제 형태가 기호화하는 어떤 상이라도 과거완료 시제가 그것을 공유한다는 것에 동의한다. 일반적으로 과거완료는 이런 식으로 다루어졌다. 즉, 완료를 설명하는데 편승하여 다루어졌다. 그래서 종종 과거완료 자체에 대한 적절한 판단을 하지 않았다. 과거완료의 용례들을 자세히 살펴보면, 우리가 완료 시제를 다룰 때보다 상태상이나 완료상의 정당함을 증명하는 것이 훨씬 더 어렵다는 것을 발견하게 된다. 그러나 과거완료 시제를 미완료상으로 보는 것이 설득력이 있다는 것이 훨씬 더 자명해 보인다.

완료 시제가 현재 시제의 용례와 유사한 것과 마찬가지로, 과거완료 시제가 미완료과거 시제의 용례와 유사하다. 과거완료 시제는 서사 내에서 미완료과거 시제와 같은 기능을 한다. 즉, 묘사하고 설명하고 배경을 제시하는 보충적인 정보를 제공하는 기능들을 한다. 이 모든 것은 미완료상과 잘 들어맞는다. 그것은 또한 원격성이라는 공간적인 가치와도 잘 맞는다. 만일 용례와 관련하여 과거완료 시제가 미완료과거 시제와는 다른 것이 있다면, 미 완료과거 시제가 제공하는 것보다도 과거완료 시제가 배경이 되는 정보를 훨씬 더 많이 제공한다는 것이다. 바꾸어 말하자면, 과거완료 시제는 가끔씩 보충적인 정보를 보충하는 정보를 제공한다. 다음에 나오는 구절에서 그 예를 볼 수 있다.

마가복음 1:34

καὶ ἐθεράπευσεν πολλοὺς κακῶς ἔχοντας ποικίλαις νόσοις καὶ δαιμόνια πολλὰ ἐξέβαλεν καὶ οὐκ **ἤφιεν** λαλεῖν τὰ δαιμόνια, ὅτι **ᾔδεισαν** αὐτόν.

예수께서 각색 병든 많은 사람을 고치시며 많은 귀신을 내어 쫓으시되 귀신이 자기를 **알므로** 그 말하는 것을 **허락지 아니하시니라**

우리는 여기서 미완료과거 시제 형태 (볼드체에다가 밑줄 그은 것)는 보충적인 자료를 제공하고 있음을 볼 수 있다. 예수께서 그 귀신들이 말하는 것을 허락하지 않았다는 말씀을 우리가 들을 때에 그 장면에 대한 보다 상세한 기술이 주어진다. 그러나 과거완료 시제(볼드체)는 보충적인 정보에 대해서 다시 보충하는 정보를 제공한다. 본문은 왜 예수께서 귀신들이 말하는 것을 허용하지 않았는지-그 귀신들이 예수를 알았기 때문이라고-를 말하고 있다.

따라서 과거완료 시제는 미완료과거 시제보다 더 먼 원격성으로 간주된다. 완료 시제가 현재 시제의 근접성과 비교할 때 강화된 근접성을 기호화하는 것과 같이, 과거완료 시제는 미완료과거 시제의 원격성과 비교할 때 강화된 원격성을 기호화한다. 그래서 과거완료 직설법은 의미론적으로는 미완료상을 그리고 강화된 원격성이라는 공간적인 가치를 기호화한다.

제2부

동사 상과 신약성경 본문

제6장
동사 어휘소에 대한 기초

신약성경 본문 내에서 동사 상의 기능을 연구하기 위해서 우리가 먼저 알아야 할 것은 동사 어휘소에 관한 것이다. 그 이유는 동사 상이 동작류를 표현하기 위해서 다양한 어휘소들과 협력하여 작용하기 때문이다.

어휘소를 분석하는 데는 많은 방법들이 있다. 우리는 동사 화용론을 분석하는 것과 직접적으로 관련이 있는 가장 중요한 범주들로 우리의 관심을 한정시킬 것이다. 더군다나, *BDAG*와 같은 어휘사전을 참조하여 개별 어휘소의 다양한 용례를 검토함으로써 우리의 분석의 타당성을 강화할 것이다. 그러나 이 단계에서는 개별 어휘소의 어휘적인 정의를 고려하는 것으로 우리의 분석을 제한할 것이다. 범주화할 때 대부분의 어휘소들은 복잡하지 않고 모호하지 않다. 그러나 몇몇 어휘소들을 범주화할 때 약간 모호하기도 하기 때문에 주의를 요할 필요가 있다.

동사 어휘소를 보면서 우리가 먼저 결정해야 할 것은 그 어휘소가 타동사인가 자동사인가 하는 것이다.

타동사 어휘소(Transitive Lexemes)

하나의 동작이 **목적어에 대하여 수행된다면** 그 어휘소는 타동사 어휘소다. 동작이 주어에 의해서 수행되고 어떤 사람이나 사물(목적어)**에게**

그 행위를 한다. 어떤 유형의 동작인가에 의해서 그 어휘소가 타동사인지 아닌지가 명료하게 결정된다. 영어에서는, 치다(hit), 주다(give), 차다(kick), 던지다(throw), 정리하다(arrange), 등과 같은 어휘소들은 타동사다. 사람이 과녁을 맞힌다(hit *a target*), 선물을 준다(give *a gift*), 공을 찬다(kick *a ball*), 창을 던진다(throw *a javelin*), 모임을 준비한다(arrange *a meeting*).

여기서 내린 정의를 따르자면, 목적어를 취하는 모든 어휘소가 반드시 타동사 어휘소인 것은 아니다. 그 목적어가 어떤 식으로든 **영향을 받거나 충격을 받아야** 한다. 그래서 예를 들자면, **음악을 듣는 것**(*to hear music*)은 여기서는 타동사 어휘소로 간주되지 않는다. 왜냐하면 비록 음악이 그 동작의 목적어라 하더라도, 그 음악이 그 행동에 의해서 영향을 받지 않기 때문이다. 반복하지만, 하나의 어휘소가 타동사가 되기 위해서는 주어에서부터 목적어로 오고가는 것이 어떤 종류든지 있어야 한다.[1)]

핵심 질문:

동작이 목적어에 대하여 수행되는가?

만약에 맞다면, 타동사 어휘소이다.

1) 언어학자들은 타동사성(transitivity)을 다양하게 정의하지만 이러한 미묘한 차이가 항상 인지되는 것은 아니다. 어쨌든 어휘소들이 목적어를 취하기만 한다면, 그 어휘소는 종종 타동사로 분류된다. 그러나 우리는 이러한 미묘한 차이를 가지고 타동사성을 정의할 것이다. 즉, 목적어가 영향을 받을 때 타동사 어휘소로 분류한다.

1. 타동사성	2. 자동사성
목적어에 대하여 수행됨	*목적어에 대하여 수행되지 않음*

자동사 어휘소

만약 하나의 어휘소가 타동사 어휘소가 아니라면, 자동사 어휘소이다. 자동사 어휘소는 목적어를 요구하지 않고, 동작이 그것의 대상에 대하여 수행되지도 않는다. 그 동작이 주어에 의해서 수행된다. 그러나 (비록 그 동작이 어떤 사람이나 사물과 관련하여 이루어지기도 하지만,) 그것이 어떤 사람이나 그 사물**에게** 그 행위를 하지 않는다. 바꾸어 말하자면, 자동사 어휘소는 목적어를 취하기도 하지만, 주어에 의해서 수행된 동작에 의해서 **영향을 받지 않아야** 한다. 예를 들어, 음악을 듣다(*to hear music*)라는 구문을 보면, 심지어 음악이 동사의 목적어로 사용되고 있지만, 그 음악이 듣는 사람에 대하여 행동을 하지 않는다. 어떤 유형의 동작인가에 의해서 그 어휘소가 자동사인지 아닌지가 명료하게 결정된다. 영어에서, 자다(sleep), 알다(know), 살다(live), 죽다(die)와 같은 동사들은 모두 자동사이다.

핵심 질문:

동작이 목적어에 대하여 수행되는가?

만약 아니라면, 자동사 어휘소다.

양동사(兩動詞) 어휘소 (ambitransitive lexeme)

어떤 어휘소들은 타동사나 자동사의 범주에 넣기 어려운 것들도 있음을 고려해야 한다. 사실, 문맥에 근거해서 볼 때 대부분의 언어들에서 특정한 어휘소들은 타동사이거나 자동사이다. 그 어휘소들은 어떤 상황에서는 목적어에 영향을 미치고(그래서 타동사 어휘소이다), 다른 상황에서는 목적어에 영향을 미치지 않는다(그래서 자동사 어휘소이다). 이 어휘소들은 "양동사" 라고 이름을 붙일 수 있다. 왜냐하면 둘 중의 하나로 사용되기 때문이다. 영어에서, 먹다(eat), 읽다(read), 숨쉬다(breathe), 등과 같은 어휘소들은 모두 양동사이다. 예를 들면, **이제 먹을 시간입니다** (*it's time to eat*)에서 **먹다**는 자동사로 사용되었지만, **나는 점심을 먹었다**(*I ate my lunch*)에서는 타동사로 사용되었다. **그는 숨을 쉬고 있다** (*He's breathing*)에서는 자동사이지만, **우리는 산소를 마셔야 한다**(*we need to breathe oxygen*)는 타동사이다.

하위 범주들

자동사와 타동사 어휘소를 여러 가지 다른 유형별로 하위범주화할 수 있지만, 단지 두 개의 하위범주만 여기서 탐구하고자 한다. 즉, 순간(punctiliar) 어휘소와 상태(stative) 어휘소이다.

타동사: 순간상

만약 하나의 어휘소가 타동사라면, 그것은 또한 순간일 수도 있다. 순간 동작은 목적어에 대하여 수행된다. 그리고 본질상 즉각적이다. 그것은 단회적으로 발생하는 그리고 순간적인 동작 유형이다. 어떤 유형의 동작인가에 의해서 그 어휘소가 순간인지 아닌지가 명료하게 결정된다. 순간 동작은 반복될 수 있는 반면에, 그 동작을 일정한 시간 동안 끌 수는 없다. 영어에서, **치다**(*punch*), **차다**(*kick*), **던지다**(*throw*), 등과 같은 동사들은 모두 순간 어휘소이다. 어떤 사람이 20분 동안 샌드백을 칠 수 있다. 그러나 이것은 틀림없이 계속해서 치는 것을 말한다. 한번 치는 것이 20분 동안 걸린다는 것은 아니다.

핵심 질문:
동작이 목적어에 대하여 수행되는가?
만약 아니라면, 자동사 어휘소다.
그 동작이 순간적인가?
만약 맞다면, 순간이다.

만약 타동사 어휘소가 순간이 아니라면, 보다 더 상세하게 세분화할 필요 없이 단순히 타동사라고 부를 것이다. 타동사이지만 순간이 아닌 어휘소들에는 주다(give), 정리하다(arrange), 패배하다(defeat) 등이 있다.

자동사: 상태(Intransitive : Stative)

만약 하나의 어휘소가 자동사라면, 그것은 또한 상태일 수도 있다. 상태 동사는 목적어에 대하여 수행되지 않는다. 그리고 존재의 상태를 묘사한다. 그것은 시간에 묶여있는 것이거나 진행이 아니다. 그냥 단순히 있는 것이다. 실제로, 우리는 상태 어휘소를 동작이 아닌 동사로 정말로 간주하기도 한다. 그것은 단순히 상태이다. 어떤 유형의 동작인가에 의해서 그 어휘소가 상태인지 아닌지가 명료하게 결정된다. 영어에서, 알다(know), 신뢰하다(trust), 살다(live)와 같은 어휘소들은 모두 상태이다.

핵심 질문:
동작이 목적어에 대하여 수행되는가?
만약 아니라면, 자동사 어휘소다.
그 동작이 존재의 상태를 묘사하는가?
만약 맞다면, 상태이다.

만약 자동사 어휘소가 상태가 아니라면, 보다 더 상세하게 세분화할 필요 없이 단순히 자동사라고 부를 것이다. 자동사이지만 상태가 아닌 어휘소들에는 자다(sleep), 죽다(die), 결정하다(decide), 등이 있다.

헬라어 어휘소들

타동사	자동사
목적어에 대하여 수행됨 **순간** *즉각적인 동작*	목적어에 대하여 수행되지 않음. **상태** *존재의 상태*

어휘소	단어	범주
εἰμί	있다	자동사: 상태
ποιέω	하다, 만들다	타동사
τίθημι	두다, 놓다	타동사
βάλλω	던지다	타동사: 순간
εὑρίσκω	발견하다	타동사: 순간
ζητέω	찾다	타동사
φέρω	가지고 오다, 지다	타동사
ἔρχομαι	오다, 가다	자동사
πορεύομαι	가다	자동사
ἐγγίζω	가까이 가다	자동사
λύω	풀다, 파괴하다	타동사
ἐγείρω	일으키다	타동사
κάθημαι	앉아있다	자동사: 상태
καθίζω	앉다	자동사
λαμβάνω	취하다, 받다	타동사
τύπτω	치다	타동사: 순간
ἅπτομαι	만지다	타동사: 순간
ἐσθίω	먹다	양동사
καθεύδω	자다	자동사
ζάω	살다	자동사; 상태
ὁράω	보다	양동사
ἄγω	인도하다, 가다	타동사/자동사
ἀκολουθέω	따르다	자동사
βλέπω	보다	양동사
ἀκούω	듣다	양동사
θέλω	기원하다, 요구하다	자동사: 상태
βούλομαι	원하다	자동사: 상태
ἀγαπάω	사랑하다	양동사
οἶδα	알다	자동사: 상태
γινώσκω	알다	자동사: 상태

일반적으로 사용되는 헬라어 동사들을 앞에서 제시한 네 개의 하위 범주로 나누었다. 이들 중 어떤 것들은 분명하게 나누어지지는 않지만, 어휘 범주의 의미나 문맥의 어휘 범주에 의해서 영향을 받는다는 사실에 주목하라. 만약 특정한 어휘소가 하나의 상황에서는 목적어에 영향을 주기도 하고, 다른 상황에서는 목적어에 영향을 주지 않는다면, 양동사로 분류할 수 있다. 양동사 어휘소는 타동사 어휘소나 자동사 어휘소처럼 둘 다 작용할 수 있기 때문에 각각의 문맥 속에서 어떻게 작동하는지를 보면서 결정해야 한다. 그래서 이후의 장들에서 구체적으로 분석하기 위하여 이 어휘소들이 특정 문맥에서 목적어에 영향을 미치느냐 미치지 않느냐에 따라 타동사나 자동사로 기술할 것이다(심지어 전문적으로 볼 때, 양동사일 경우에도 말이다).

제 7 장

현재 시제 형태와 미완료과거 시제 형태

의미론(Semantics)

동사 상(Verbal Aspect)

현재 시제 형태와 미완료과거 시제 형태는 의미론 층위에서 미완료상을 기호화한다. 미완료상은 동작이나 상태를 그 내부로부터 바라본다. 그것은 내적인 관점이다. 리포터와 거리 행진에 대한 예화를 가지고 설명하자면, 내적인 관점은 거리로부터 보는 관점이다. 바로 앞에서 전개되는 거리 행진을 보는 것이다. 멀리 떨어져서(헬리콥터 안에서 = 완료상) 보는 관점과는 달리, 거리에서 그 리포터는 그 행진의 시작과 끝을 다 보는 것은 아니지만 자세하게 볼 수 있다.

공간적 성격

전통적인 접근법들은 현재 시제 형태와 미완료과거 시제 형태들을 상으로는 미완료상으로, 시제로는 현재 시제와 과거 시제로 기술했다. 그러나 시제가 여기서는 의미론적 값을 가지지 않는다. 오히려 시간적 지시(temporal reference)는 부분적으로는 문맥에 의해서 결정되는 화용론적 자질이다. 그 대신에, 현재 시제 형태와 미완료과거 시제 형태는 의미론적으로는 근접성(proximity)과 원격성(remoteness)의 공간적 값을 각각 기호화하는 것으로 간주된다.

그래서 현재 시제 형태는 상으로는 미완료상이고, 근접성의 공간적 값을 가지고 있다. 미완료과거 시제 형태는 상으로는 미완료상이고, 원격성의 공간적 값을 가지고 있다. 이러한 것들은 취소될 수 없는 의미론적인 값이지만, 화용론적으로는 문맥 속에서 다양한 방법으로 표현된다. 아래와 같이 표시할 수 있다.

원격적 미완료성(미완료과거 시제 형태)　　근접적 미완료성(현재 시제 형태)

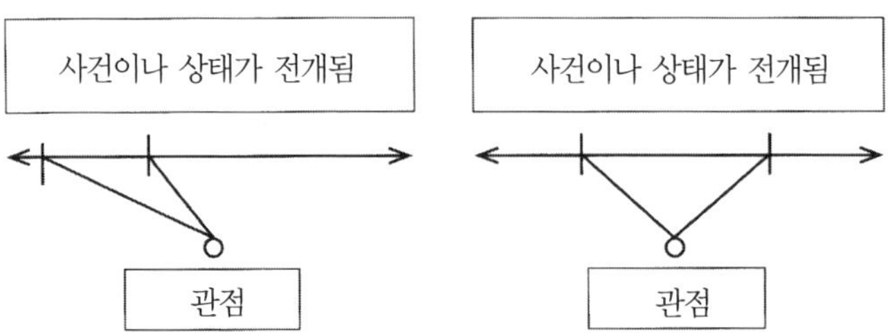

화용론(Pragmatics)

서사 기능(Narrative Fuctions)

현재 시제 형태(Present Tense-Form)

서사들을 기록한 본문들 가운데 현재 직설법이 담화에서 가장 많이 발견된다. 담화에는 직접 담화, 간접 담화, 저자 담화가 아래의 예와 같이 있다.

요한복음 5:20

ὁ γὰρ πατὴρ **φιλεῖ** τὸν υἱὸν καὶ πάντα **δείκνυσιν** αὐτῷ ἃ αὐτὸς **ποιεῖ**, καὶ μείζονα τούτων δείξει αὐτῷ ἔργα, ἵνα ὑμεῖς θαυμάζητε.

아버지께서 아들을 **사랑하사** 자기가 **행하시는** 것을 다 아들에게 보이시고 또 그보다 더 큰 일을 보이사 너희로 놀랍게 여기게 하시리라

요한복음 16:15
πάντα ὅσα **ἔχει** ὁ πατὴρ ἐμά ἐστιν· διὰ τοῦτο εἶπον ὅτι ἐκ τοῦ ἐμοῦ **λαμβάνει** καὶ ἀναγγελεῖ ὑμῖν.

무릇 아버지께 **있는** 것은 다 내 것이라 그러므로 내가 말하기를 그가 내 것을 **가지고** 너희에게 알리시리라 하였노라

발화나 생각이 마치 눈 앞에서 펼쳐지는 것처럼 독자 앞에서 즉시 제시될 때에 담화는 근접-미완료상 상황을 만든다. 그럴 경우, 근접-미완료상 시제 형태인 현재 직설법이 담화에 들어맞는다. 그러나 현재 시제 형태의 담화적 기능이 화용론적 자질이며 그래서 취소될 수 있다는 것도 기억해야 한다.

미완료과거 시제 형태(imperfect Tense-Form)

그러나 미완료과거 직설법은 담화 보다는 서사 그 자체 안에서 가장 빈번하게 발견된다. 서사 자체 내에서의 미완료과거 직설법의 일반적인 기능은 오프라인 자료를 제공하는 것이다. 일반적으로 부정과거 시제는 서사의 중심적인 흐름의 골격에 해당하는 구조를 제공하는 반면에, 미완료과거 시제는 거의 대부분의 경우 보완하는 정보를 제공하여 상세히 기술하거나 특성화시키거나 부차적으로 설명한다. 그에 해당하는 예는

아래와 같다.

요한복음 5:18

διὰ τοῦτο οὖν μᾶλλον **ἐζήτουν** αὐτὸν οἱ Ἰουδαῖοι ἀποκτεῖναι, ὅτι οὐ μόνον **ἔλυεν** τὸ σάββατον, ἀλλὰ καὶ πατέρα ἴδιον **ἔλεγεν** τὸν θεὸν ἴσον ἑαυτὸν ποιῶν τῷ θεῷ.

유대인들이 이로 말미암아 더욱 예수를 **죽이고자 하니** 이는 안식일을 범할 뿐만 아니라 하나님을 자기의 친 아버지**라 하여** 자기를 하나님과 동등으로 삼으심이러라

누가복음 15:16

καὶ **ἐπεθύμει** χορτασθῆναι ἐκ τῶν κερατίων ὧν **ἤσθιον** οἱ χοῖροι, καὶ οὐδεὶς **ἐδίδου** αὐτῷ.

그가 돼지 **먹는** 쥐엄 열매로 배를 채우고자 **하되 주는** 자가 없는지라

보충적인 정보가 내적인 관점(미완료상)을 제공할 때에 오프라인 자료는 원래 생래적으로 원격-미완료상이다. 이것이 독자의 눈앞에서 즉시 일어나는 것으로 제시되지 않는다. 원격에서 주요한 흐름을 보완한다. 그래서 본래적으로 원격이다. 그와 같이, 미완료과거 직설법은 오프라인 자료에 잘 들어맞는다. 왜냐하면 그것은 원격-미완료성 시제 형태이기 때문이다. 그러나 미완료과거 시제 형태의 오프라인 기능은 화용론적 자질이며, 그래서 취소될 수 있다는 것도 기억해야 한다.

동작류 상호작용(현재 시제 형태)

언어와 본문의 모든 자질들이 동사에 영향을 줄 때 동작류는 본문 안

에서 그 동사가 작용하는 방법을 가리킨다. 특정 동사의 동작류를 결정하는 세 가지 주요한 요소가 있다. 그것은 의미론, 어휘소, 문맥이다. 그러므로 동사가 본문 안에서 무엇을 하는지를 확증하기 위해서 세 가지 단계가 요구된다.

1. 동사의 의미론적 값을 확인하라.
2. 어휘소와 의미론과의 상호작용을 고려하라.
3. 문맥을 고려하라.

1. 의미론		**2. 어휘소**		**3. 문맥**		**동작류**
상은? 공간적 값은?	+	순간? 상태? 타동사? 등등	+	시간 지시? 지속? 논리 등	=	과거 진행? 반복 상태

현재 시제 형태가 화용론적으로 기능하는 몇 가지 방법이 있다. 현재 시제의 용례들 중에서 가장 일반적이고 중요한 동작류를 기술하는 것과 동작류의 값이 어떻게 만들어지는지에 대한 설명에 해당하는 예는 아래와 같다.

진행(Progressive)

현재 시제 형태는 종종 과정이나 진행 중인 동작을 묘사한다. 이것은 현재 시제 형태의 일반적인 용례이며 미완료상의 자연적인 함축이다. 진행의 의미를 만들기 위해서 미완료상은 순간이나 상태가 아닌 어휘소와 결합한다. 이 진행의 의미가 문맥에 의해서 없어지지 않는 한, 동작류는 진행이다.

1. 의미론		**2. 어휘소**		**3. 문맥**		**동작류**
미완료상 근접성	+	비-순간 비-상태	+	진행 허용	=	진행

누가복음 8:45

καὶ εἶπεν ὁ Ἰησοῦς· τίς ὁ ἁψάμενός μου; ἀρνουμένων δὲ πάντων εἶπεν ὁ Πέτρος· ἐπιστάτα, οἱ ὄχλοι **συνέχουσίν** σε καὶ **ἀποθλίβουσιν**.

예수께서 이르시되 내게 손을 댄 자가 누구냐 하시니 다 아니라 할 때에 베드로가 이르되 주여 무리가 **밀려들어 미나이다**

요한복음 4:22

ὑμεῖς **προσκυνεῖτε** ὃ οὐκ οἴδατε· ἡμεῖς **προσκυνοῦμεν** ὃ οἴδαμεν, ὅτι ἡ σωτηρία ἐκ τῶν Ἰουδαίων ἐστίν.

너희는 알지 못하는 것을 **예배하고** 우리는 아는 것을 **예배하노니** 이는 구원이 유대인에게서 남이라

로마서 8:17

εἰ δὲ τέκνα, καὶ κληρονόμοι· κληρονόμοι μὲν θεοῦ, συγκληρονόμοι δὲ Χριστοῦ, εἴπερ **συμπάσχομεν** ἵνα καὶ συνδοξασθῶμεν.

자녀이면 또한 상속자 곧 하나님의 상속자요 그리스도와 함께 한 상속자니 우리가 그와 함께 영광을 받기 위하여 **고난도 함께 받아야** 할 것이니라

상태(Stative)

현재 시제 형태는 종종 상태를 묘사한다. 이것은 또한 미완료상의 자연적인 함축이기도 하다. 문맥에 의해서 없어지지 않는 한, 상태 동작류를 만들기 위하여 미완료상은 상태 어휘소들과 결합한다. 상태 어휘소는 진행이나 타동사적 동작 보다는 오히려 존재의 상태를 기술하는 단어이다. 심지어 어휘소가 그 자체가 상태가 아니라 하더라도, 가끔씩 문맥이 상태 동작류를 만들기도 한다.

1. 의미론		**2. 어휘소**		**3. 문맥**		**동작류**
미완료상 근접성	+	상태	+	상태성 허용 (가끔씩 상태성을 만들기도 함)	=	상태

요한복음 10:14-15

14 Ἐγώ εἰμι ὁ ποιμὴν ὁ καλὸς καὶ **γινώσκω** τὰ ἐμὰ καὶ
γινώσκουσί με τὰ ἐμά, 15 καθὼς **γινώσκει** με ὁ πατὴρ
καγὼ **γινώσκω** τὸν πατέρα, καὶ τὴν ψυχήν μου τίθημι
ὑπὲρ τῶν προβάτων.

나는 선한 목자라 나는 내 양을 **알고** 양도 나를 **아는** 것이 아버지께서 나를 **아시고** 내가 아버지를 **아는** 것 같으니 나는 양을 위하여 목숨을 버리노라

마태복음 9:13

πορευθέντες δὲ μάθετε τί ἐστιν· ἔλεος **θέλω** καὶ οὐ θυσίαν· οὐ γὰρ ἦλθον καλέσαι δικαίους ἀλλὰ ἁμαρτωλούς.

너희는 가서 내가 긍휼을 **원하고** 제사를 원하지 아니하노라 하신 뜻이 무엇인지 배우라 나는 의인을 부르러 온 것이 아니요 죄인을 부르러 왔노라 하시니라

로마서 6:8

εἰ δὲ ἀπεθάνομεν σὺν Χριστῷ, **πιστεύομεν** ὅτι καὶ συζήσομεν αὐτῷ,

만일 우리가 그리스도와 함께 죽었으면 또한 그와 함께 살 줄을 **믿노니**

반복(Iterative)

현재 시제 형태는 반복적인 동작을 묘사할 수 있다. 그 동작은 반복적으로 발생하는 사건들을 가리킨다. 반복 동작류를 만들기 위해서 두 가지 중요한 방법이 있다. 첫째, 미완료상이 순간 어휘소와 결합하여 반복적인 순간 동작의 의미를 만들어낸다. 둘째, 미완료상이 동작의 반복을 요구하는 문맥에서 비-상태 어휘소와 결합한다.

1. 의미론		**2. 어휘소**		**3. 문맥**		**동작류**
미완료상 근접성	+	순간 또는 비-상태	+	반복을 허용 하거나 요구	=	반복

마태복음 17:15

καὶ λέγων· κύριε, ἐλέησόν μου τὸν υἱόν, ὅτι σεληνιάζεται καὶ κακῶς πάσχει· πολλάκις γὰρ **πίπτει** εἰς τὸ πῦρ καὶ πολλάκις εἰς τὸ ὕδωρ.

주여 내 아들을 불쌍히 여기소서 그가 간질로 심히 고생하여 자주 불

에도 **넘어지며** 물에도 **넘어지는지라**

누가복음 9:39

καὶ ἰδοὺ πνεῦμα **λαμβάνει** αὐτὸν καὶ ἐξαίφνης **κράζει** καὶ **σπαράσσει** αὐτὸν μετὰ ἀφροῦ καὶ μόγις **ἀποχωρεῖ** ἀπ᾽ αὐτοῦ συντρῖβον αὐτόν·

귀신이 그를 **잡아** 갑자기 **부르짖게** 하고 경련을 일으켜 거품을 흘리게 하며 몹시 상하게 하고야 겨우 **떠나가나이다**

누가복음 18:12

νηστεύω δὶς τοῦ σαββάτου, **ἀποδεκατῶ** πάντα ὅσα κτῶμαι.

나는 이레에 두 번씩 **금식하고** 또 소득의 **십일조를 드리나이다** 하고

격언(gnomic)

현재 시제 형태는 보편적이며 시간적 제약을 받지 않는 격언적 동작을 묘사할 수 있다. 격언적 동작류는 일반적인 진술이 있는 문맥과 미완료상이 결합하는 것을 통해서 만들어진다. 이것은 어떤 유형의 어휘소를 포함하기도 한다.

1. 의미론		2. 어휘소		3. 문맥		동작류
미완료상 근접성	+	어떤 것	+	실재에 대한 일반적인 진술	=	격언

마태복음 5:32

ἐγὼ δὲ λέγω ὑμῖν ὅτι πᾶς ὁ ἀπολύων τὴν γυναῖκα αὐτοῦ

παρεκτὸς λόγου πορνείας **ποιεῖ** αὐτὴν μοιχευθῆναι, καὶ ὃς ἐὰν ἀπολελυμένην γαμήσῃ, **μοιχᾶται**.

나는 너희에게 이르노니 누구든지 음행한 이유 없이 아내를 버리면 이는 그로 간음하게 **함이요** 또 누구든지 버림받은 여자에게 장가드는 자도 **간음함이니라**

요한복음 3:8

τὸ πνεῦμα ὅπου **θέλει πνεῖ** καὶ τὴν φωνὴν αὐτοῦ ἀκούεις, ἀλλ᾽ οὐκ οἶδας πόθεν **ἔρχεται** καὶ ποῦ **ὑπάγει**· οὕτως ἐστὶν πᾶς ὁ γεγεννημένος ἐκ τοῦ πνεύματος.

바람이 임의로 **불매** 네가 그 소리는 **들어도** 어디서 **와서** 어디로 **가는지** 알지 못하나니 성령으로 난 사람도 다 **그러하니라**

요한복음 5:24

Ἀμὴν ἀμὴν λέγω ὑμῖν ὅτι ὁ τὸν λόγον μου ἀκούων καὶ πιστεύων τῷ πέμψαντί με **ἔχει** ζωὴν αἰώνιον καὶ εἰς κρίσιν **οὐκ ἔρχεται**, ἀλλὰ μεταβέβηκεν ἐκ τοῦ θανάτου εἰς τὴν ζωήν.

내가 진실로 진실로 너희에게 이르노니 내 말을 듣고 또 나 보내신 이를 믿는 자는 영생을 **얻었고** 심판에 **이르지 아니하나니** 사망에서 생명으로 옮겼느니라

역사적 현재

현재 시제 형태는 비-현재 문맥에서 종종 사용되기도 한다. 가장 일반적으로는 과거를 지시하는 문맥에서 사용된다. 이런 경우 의미상으로는 부정과거와 같지 않다 하더라도, 부정과거와 같이 번역하는 것이 가장 낫다. 역사적 현재에는 두 가지 기본 유형이 있다. 그 두 가지는 담화를

도입하는 것과 추진(propulsion)을 의미하는 어휘소를 사용하는 것이다.

먼저, 담화를 도입하는 역사적 현재는 현재 시제 형태를 활용한다. 왜냐하면 그것은 근접-미완료 문맥(담화) 안으로 인도하고 있기 때문이다. 그런 경우에는 담화의 근접-미완료적인 성격이 그것을 도입하는 동사에까지 퍼진다.

둘째, 추진 어휘소는 한 지점에서 다른 지점으로 이동하는 전이를 의미하는 동사들이다. 이러한 동사들에는 오다, 가다, 들어올리다, 취하다, 주다 등이 있다. 현재 시제 형태의 근접-미완료적 성격은 그것이 함의하고 있는 전이를 강화하기 위하여 이러한 어휘소들과 결합한다.

근접-미완료성과 강화된 전이

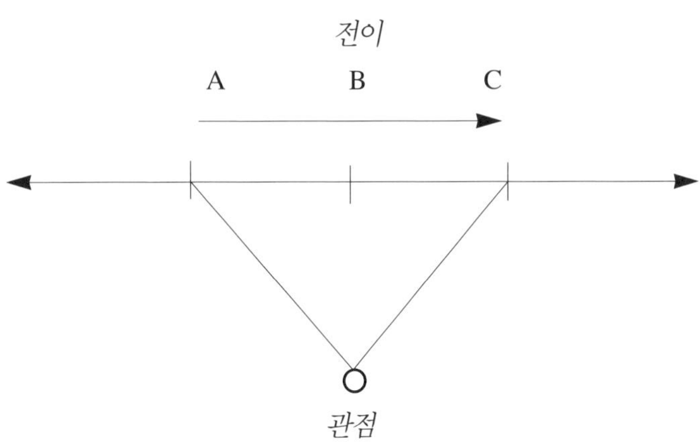

위의 도형이 보여주듯이, 동작의 미완료-근접 묘사는 전이의 의미를 A 지점에서 C 지점으로 이동하는 동작으로 강화시킨다. 그 전이가 강화되는 이유는 A 지점에서 C 지점으로 이동할 때 미완료적인 관점에서 저자/화자의 기준의 중심에 있는 B 지점을 지나가기 때문이다. 어떤 의미에서 그 저자/화자는 그 동작을 그/그녀의 앞을 지나가는 것이거나 B 지점의 한 편에서 B 지점의 다른 편으로 움직이는 것으로 본다. A 지점에서 B 지점을 지나서 C 지점으로 이동하는 것은 추진 동사들의 전이를 강화하는 요소가 된다.

1. 의미론		**2. 어휘소**		**3. 문맥**		**동작류**
미완료상 근접성	+	추진 동사나 담화도입 동사	+	과거 지시	=	역사적 현재

마가복음 3:20

Καὶ **ἔρχεται** εἰς οἶκον· καὶ **συνέρχεται** πάλιν [ὁ] ὄχλος, ὥστε μὴ δύνασθαι αὐτοὺς μηδὲ ἄρτον φαγεῖν.

집에 **들어가시니** 무리가 다시 **모이므로** 식사할 겨를도 없는지라

마가복음 5:22

Καὶ **ἔρχεται** εἷς τῶν ἀρχισυναγώγων, ὀνόματι Ἰάϊρος, καὶ ἰδὼν αὐτὸν **πίπτει** πρὸς τοὺς πόδας αὐτοῦ

회당장 중의 하나인 야이로라 하는 이가 **와서** 예수를 보고 발 아래 **엎드리어**

요한복음 19:28

Μετὰ τοῦτο εἰδὼς ὁ Ἰησοῦς ὅτι ἤδη πάντα τετέλεσται, ἵνα τελειωθῇ ἡ γραφή, **λέγει**· διψῶ.

그 후에 예수께서 모든 일이 이미 이루어진 줄 아시고 성경을 응하게 하려 하사 **이르시되** 내가 목마르다 하시니

비-직설법 구문 용례(현재 시제 형태)

가정법(Subjuntive Mood)

학생들이 헬라어를 공부할 때 가정법 부정과거 시제와 가정법 현재 시제 사이에 어떤 의미상의 차이가 있는지 알아내기가 어렵다고 한다. 특별히 **내가 푼다**(I might loose)라는 문장이나 그와 유사한 변형들을 한글로 번역하는 것을 배울 때가 그렇다. 만약 가정법 부정과거와 현재 둘 다 이런 식으로 번역한다면 왜 헬라어 저자들은 다른 하나 대신에 이 표현을 사용했을까? 왜 헬라어는 가정법에서 하나의 시제 형태 이상을 가지고 있을까?

가장 쉽게 할 수 있는 대답은 하나의 언어가 구별하지 않는 것을 다른 언어는 가끔씩 구별한다는 것이다. 우리가 현재 가정법과 부정과거 가정법을 같은 식으로 한글로 번역한다고 해서 헬라어를 사용하는 사람들도 그 둘 사이에 구별해야 할 차이점이 없다는 것을 의미하는 것은 아니다. 쉽게 말하자면, 우리는 그 차이점을 전달할 수 있는 현실적인 방법이 없다는 것을 의미한다. 그러나 그렇다고 해서 헬라어를 배우는 학생들이 원어 본래의 차이점을 몰라도 된다는 것은 아니다.

가정법을 공부하면서 겪는 또 다른 어려운 점은 현재 가정법과 부정과거 가정법 사이의 유일한 차이점이 동사 상의 차이 뿐이라는 것이다. 직설법 시제의 문제에 대한 사람들의 입장과는 별개로 모두가 동의하는 것은 비-직설법은 상적(aspectual)이며 의미론 층위에서 어떠한 시간적 지시(temporal reference)도 부호화하지 않는다는 것이다. 그러나 어떤 학생들은 심지어 화용론적 층위에서 조차도 시간적 지시를 가지지 않는 동작에 대해서 시간적 지시로 이해해보려고 온갖 노력을 다한다. 가정법에서 동작이 어떻게 내적으로 보여지는가? 가정법에서 동작이 어떻게 외적으로 보여지는가?

둘 사이의 차이점에 대해 화용론적 자질을 통하여 접근하는 것이 도움이 된다. 직설법에서의 상과 같이 가정법에서의 상은 하나의 상이나 다른 상으로부터 전형적으로 나타나는 다양한 화용론적 함축을 발생시킨다. 직설법에서 미완료상에 의해 나타나는 화용론적 표현들이 예측가능한 범위 안에 있는 것처럼, 가정법에서 미완료상에 의해서 나타나는 표현들도 예측가능한 범위 안에 있다. 이것들을 이해해야 가정법에서 상의 차이가 만들어 내는 차이점에 대해 알 수 있다.

영어 화자들은 구별하기 어렵겠지만, 헬라어 가정법 구문 내에서 동사 상은 완벽하게 구분하여 사용되고 있다. 현재 가정법을 사용한다면 동작을 내부적으로 바라보는 미완료상을 규칙적으로 사용하는 것이다. 현재 가정법 구문 내에서 미완료상의 공통적인 함축은 개념상으로는 전개하는 것이고, 시간적으로는 진행중이며, 상태적이거나 인칭적으로는 특징을 보여주는 행동들이다.[1] 이러한 예들은 현재 가정법에 의해서 나타나는 미완료상의 내적 관점을 예증해준다.

누가복음 5:12

Καὶ ἐγένετο ἐν τῷ εἶναι αὐτὸν ἐν μιᾷ τῶν πόλεων καὶ ἰδοὺ ἀνὴρ πλήρης λέπρας· ἰδὼν δὲ τὸν Ἰησοῦν, πεσὼν ἐπὶ πρόσωπον ἐδεήθη αὐτοῦ λέγων· κύριε, ἐὰν **θέλῃς** δύνασαί με καθαρίσαι.

---

1) Campbell, *Non-Indicatives,* 54.

예수께서 한 동네에 계실 때에 온 몸에 나병 들린 사람이 있어 예수를 보고 엎드려 구하여 이르되 주여 **원하시면** 나를 깨끗하게 하실 수 있나이다 하니

요한복음 15:2

πᾶν κλῆμα ἐν ἐμοὶ μὴ φέρον καρπὸν αἴρει αὐτό, καὶ πᾶν τὸ καρπὸν φέρον καθαίρει αὐτὸ ἵνα καρπὸν πλείονα **φέρῃ**.

무릇 내게 붙어 있어 열매를 맺지 아니하는 가지는 아버지께서 그것을 제거해 버리시고 무릇 열매를 맺는 가지는 더 열매를 **맺게 하려 하여** 그것을 깨끗하게 하시느니라

이 예문들이 보여주는 대로, 현재 가정법의 미완료상은 상태상의 함축을 보여준다. 원하시면이나 **맺게 하려 하여**는 문법적인 주어의 분명한 특징을 묘사한다. 그 나무는 그 자체에 열매를 가진다. 상태성은 미완료상의 본래적인 표현들 중의 하나다.

더군다나, 미완료상은 현재 가정법이 특별히 속담이나 보편적인 것이나 총체적인 진술들에 특별히 어울리게 한다. 이것은 가정법 구문 내에서 미완료상의 중요한 화용론적 기능이다.

요한복음 17:3

αὕτη δέ ἐστιν ἡ αἰώνιος ζωὴ ἵνα **γινώσκωσιν** σὲ τὸν μόνον ἀληθινὸν θεὸν καὶ ὃν ἀπέστειλας Ἰησοῦν Χριστόν.

영생은 곧 유일하신 참 하나님과 그가 보내신 자 예수 그리스도를 **아**

는 것이니이다

누가복음 11:33

Οὐδεὶς λύχνον ἅψας εἰς κρύπτην τίθησιν [οὐδὲ ὑπὸ τὸν μόδιον] ἀλλ᾽ ἐπὶ τὴν λυχνίαν, ἵνα οἱ εἰσπορευόμενοι τὸ φῶς **βλέπωσιν**.

누구든지 등불을 켜서 움 속에나 말 아래에 두지 아니하고 등경 위에 두나니 이는 들어가는 자로 그 빛을 **보게 하려 함이라**

명령법

현재 명령법은 의미론적으로 미완료상을 기호화한다. 현재 명령법의 용례에서 미완료상은 일반적인 명령과 같은 것들을 표현하는 명령을 주로 함축한다.[2)] 이것은 미완료상이 관점에서 동작의 시작이나 끝이 없이 열려 있기 때문이라는 사실에 기인한다. 그러한 관점은 의도적으로 일반적인 명령을 묘사하는데 본래적으로 어울린다. 일반적인 명령은 보편적인 상황, 보다 정확하게 말하자면 일반적인 상황과 관련하여 제안된 명령을 말한다. 따라서 그것과 연결되어 있는 특징이라 할 수 있는 윤리적이고 도덕적인 명령을 제기하는데 종종 사용된다. 그러나 여기서 강조하

---

2) 일반적인 명령(현재 명령법에 의해 제시되는)과 특정한 명령(부정과거 명령법에 의해 제시되는)사이에 구별이 있는가 하는 것은 아직 논쟁중이다. 이 문제와 관련하여 패닝과 포터는 서로 상반된 결론에 도달했다. 패닝은 그러한 구별이 있다고 보는 반면에 포터는 그것을 거부한다. 그리고 여전히 그 두 입장을 중재하는 것은 가능하다. 간단히 말하자면, 만약에 일반적인 명령과 특정한 명령을 구분하는 것을 의미론적인 것으로 주장한다면, 실패할 수밖에 없을 것이다. 왜냐하면 거기에는 수많은 "예외들"이 존재하기 때문이다. 그러나 만약에 그러한 구분을 화용론적으로 생각한다면, 포터가 반대했던 주장들은 약화될 것이다. Campbell, *Non-Indicative Verbs*, 81-83을 보라.

고 싶은 것은 이것이 명령법에서 미완료상의 화용론적 기능이라는 점이다. 그래서 그러한 것들은 취소될 수 있다.

현재 명령법이 일반적인 명령을 의미한다고 제안한다고 해서, 의도된 동작이 본래 **지속성**(continuous)**을 가진다**는 것을 암시하는 것은 아니다. 그렇게 결론내리는 것은 상과 동작류를 혼동한 결과다. 현재 직설법은 항상 지속적인 동작을 함의해야 한다고 결론짓는 것과 같은 실수다. 그러나 사실은 그렇지 않다. 그래서 현재 명령법은 일반적인 명령을 나타낸다. 그러나 반드시 지속적인 명령을 요구하는 것은 아니다. 아래에 나오는 예문들은 현재 명령법에 의해 나타나는 일반적인 명령을 보여준다.

누가복음 6:27

Ἀλλὰ ὑμῖν λέγω τοῖς ἀκούουσιν· **ἀγαπᾶτε** τοὺς ἐχθροὺς ὑμῶν, καλῶς ποιεῖτε τοῖς μισοῦσιν ὑμᾶς,

그러나 너희 듣는 자에게 내가 이르노니 너희 원수를 **사랑하며** 너희를 미워하는 자를 **선대하며**

누가복음 14:35

οὔτε εἰς γῆν οὔτε εἰς κοπρίαν εὔθετόν ἐστιν, ἔξω βάλλουσιν αὐτό. ὁ ἔχων ὦτα ἀκούειν **ἀκουέτω**.

땅에도, 거름에도 쓸 데 없어 내버리느니라 들을 귀가 있는 자는 **들을지어다** 하시니라

요한복음 21:16

λέγει αὐτῷ πάλιν δεύτερον· Σίμων Ἰωάννου, ἀγαπᾷς με; λέγει αὐτῷ· ναὶ κύριε, σὺ οἶδας ὅτι φιλῶ σε. λέγει αὐτῷ· **ποίμαινε** τὰ πρόβατά μου.

또 두 번째 이르시되 요한의 아들 시몬아 네가 나를 사랑하느냐 하시니 이르되 주님 그러하나이다 내가 주님을 사랑하는 줄 주님께서 아시나이다 이르시되 내 양을 **치라** 하시고

그러나 현재 명령법과 같이 사용하는 어떤 어휘소들은 일반적인 명령 대신에 특정한 명령을 표현한다. 흥미롭게도, 이 동사들은 직설법에서 사용되었을 때 대표적으로 역사적 현재를 만드는 동일한 어휘 유형에 속한다. 그것들은 추진동사와 발화동사다. 아래의 예문들을 보라.

요한복음 14:31

ἀλλ᾽ ἵνα γνῷ ὁ κόσμος ὅτι ἀγαπῶ τὸν πατέρα, καὶ καθὼς ἐνετείλατό μοι ὁ πατήρ, οὕτως ποιῶ. **ἐγείρεσθε**, ἄγωμεν ἐντεῦθεν.

오직 내가 아버지를 사랑하는 것과 아버지께서 명하신 대로 행하는 것을 세상이 알게 하려 함이로라 **일어나라** 여기를 떠나자 하시니라

요한복음 2:8

καὶ λέγει αὐτοῖς· ἀντλήσατε νῦν καὶ **φέρετε** τῷ ἀρχιτρικλίνῳ· οἱ δὲ ἤνεγκαν.

이제는 떠서 연회장에게 **갖다 주라** 하시매 갖다 주었더니

사도행전 22:27

προσελθὼν δὲ ὁ χιλίαρχος εἶπεν αὐτῷ· **λέγε** μοι, σὺ Ῥωμαῖος εἶ; ὁ δὲ ἔφη· ναί.

천부장이 와서 바울에게 말하되 네가 로마 시민이냐 내게 **말하라** 이르되 그러하다

이러한 예문들이 보여주듯이, 추진동사와 발화동사와 함께 사용되는 현재 명령법은 일반적으로 부정과거 명령법을 연상시키는 용례를 취한다. 부정과거 명령법은 동작들이 일반적이라기보다는 특정적이다. 직설법의 역사적 현재와 관련하여 그 어휘소에 내재되어 있는 전이를 강화하기 위하여 현재 명령법은 추진동사들과 함께 사용되기도 한다.

분사

의미론적으로 현재 분사는 미완료상을 기호화한다. 현재 분사의 상은 실명사적 용례와 완곡어법을 제외하고는 주 동사와 동시간적인 동작을 거의 항상 표현한다는 점에서 현재 분사의 주요한 화용론적 기능으로 이어진다.

요한복음 6:24

ὅτε οὖν εἶδεν ὁ ὄχλος ὅτι Ἰησοῦς οὐκ ἔστιν ἐκεῖ οὐδὲ οἱ μαθηταὶ αὐτοῦ, ἐνέβησαν αὐτοὶ εἰς τὰ πλοιάρια καὶ ἦλθον εἰς Καφαρναοὺμ **ζητοῦντες** τὸν Ἰησοῦν.

무리가 거기에 예수도 안 계시고 제자들도 없음을 보고 곧 배들을 타고 예수를 **찾으러** 가버나움으로 가서

현재 분사가 주 동사의 동작이 시작하기도 전에 시작했던 동작을 가끔씩 묘사하기도 하지만, 두 번째 동작이 시작하기 전에 주 동사의 동작이 완결된 것으로 나타나지는 않는다. 오히려 여전히 "열린" 상태다.

사도행전 9:23

εὗρεν δὲ ἐκεῖ ἄνθρωπόν τινα ὀνόματι Αἰνέαν ἐξ ἐτῶν

ὀκτὼ **κατακείμενον** ἐπὶ κραβάττου, ὃς ἦν παραλελυμένος.

거기서 애니아라 하는 사람을 만나매 그는 중풍병으로 침상 위에 **누운 지** 여덟 해라

그래서 이 현재 분사는 다음과 같은 상황을 묘사한다. 선행사가 시작하는 동안에 주 동사의 동작과 동시적이 된다. 현재 분사는 주 동사의 동작이 시작하기 전에 완결되는 동작을 묘사하는 것으로는 거의 발견되지 않을 것이다.

부정사

가끔씩 이해하기 어려운 부분이 있긴 하지만, 현재 부정사는 의미론적으로 미완료상을 기호화한다. 이 상은 특정한 부정사 구문 내에서 발견되는 주요한 기능과 함께 화용론적으로는 다양한 방법으로 표현된다. 현재 부정사 용례는 일반적으로 그것을 요구하는 부정사 구문을 통하여 대부분의 경우 결정된다. 이 구문들 중의 많은 것들에 있어서 현재 부정사에 대한 선택하는 이유는 분명히 미완료상 때문이다.

아래의 예가 보여주듯이, 두 개의 핵심적인 구문들은 **~시작하려고 하다**(begin to)와 **~하려고 하다**(about to)의 유형이다. 동작을 시작하는 것으로 묘사하는 것은 동작의 전개하는 관점을 선택하는 것이다. 내적인 관점은 동작의 전개에 주목한다. 그래서 그 동작의 시작을 묘사하는 것을 허락할 수 있다. 유사하게, 동작을 시작하는 것 혹은 발생하는 것으로 묘사하는 것은 단순히 하나의 단계에 의해서 제거된 후자의 개념이다. 동작의 시작은 급박하고 거의 대부분이 관점 안에 있다.

누가복음 5:21

καὶ **ἤρξαντο διαλογίζεσθαι** οἱ γραμματεῖς καὶ οἱ Φαρισαῖοι λέγοντες· τίς ἐστιν οὗτος ὃς λαλεῖ βλασφημίας; τίς δύναται ἁμαρτίας ἀφεῖναι εἰ μὴ μόνος ὁ θεός;

서기관과 바리새인들이 **생각하여** 이르되 이 신성 모독 하는 자가 누구냐 오직 하나님 외에 누가 능히 죄를 사하겠느냐

누가복음 15:14

δαπανήσαντος δὲ αὐτοῦ πάντα ἐγένετο λιμὸς ἰσχυρὰ κατὰ τὴν χώραν ἐκείνην, καὶ αὐτὸς **ἤρξατο ὑστερεῖσθαι**.

다 없앤 후 그 나라에 크게 흉년이 들어 그가 **비로소 궁핍한지라**

요한복음 4:47

καὶ ἐγένετο **ἐν τῷ σπείρειν** ὃ μὲν ἔπεσεν παρὰ τὴν ὁδόν, καὶ ἦλθεν τὰ πετεινὰ καὶ κατέφαγεν αὐτό.

그가 예수께서 유대로부터 갈릴리로 오셨다는 것을 듣고 가서 청하되 내려오셔서 내 아들의 병을 고쳐 주소서 하니 그가 거**의 죽게 되었음이라**

현재 부정사와 함께 사용되어 동시간적인 의미를 나타내는 또 다른 하나의 구문은 **ἐν τῷ** + 부정사 구문이다. 이것은 서사 안에서 그 밖의 어떤 것이 발생하는 동안에 일어나는 동작을 표현한다. 대부분의 구문들은 어떤 다른 동작에 의해서 교차되는 열려져 있는 동작을 종종 표현한다. 미완료상은 동작을 내부적으로 묘사하고 마치 전개하는 것처럼

묘사하기 때문에 시간적으로 동시적인 것과 열려있는 동작 둘 다에 분명히 적합하다.

마가복음 4:4

καὶ ἐγένετο **ἐν τῷ σπείρειν** ὃ μὲν ἔπεσεν παρὰ τὴν ὁδόν, καὶ ἦλθεν τὰ πετεινὰ καὶ κατέφαγεν αὐτό.

뿌릴새 더러는 길 가에 떨어지매 새들이 와서 먹어 버렸고

누가복음 9:29

καὶ ἐγένετο **ἐν τῷ προσεύχεσθαι** αὐτὸν τὸ εἶδος τοῦ προσώπου αὐτοῦ ἕτερον καὶ ὁ ἱματισμὸς αὐτοῦ λευκὸς ἐξαστράπτων.

기도하실 때에 용모가 변화되고 그 옷이 희어져 광채가 나더라

누가복음 17:14

καὶ ἰδὼν εἶπεν αὐτοῖς· πορευθέντες ἐπιδείξατε ἑαυτοὺς τοῖς ἱερεῦσιν. καὶ ἐγένετο **ἐν τῷ ὑπάγειν** αὐτοὺς ἐκαθαρίσθησαν.

보시고 이르시되 가서 제사장들에게 너희 몸을 보이라 하셨더니 **그들이 가다가** 깨끗함을 받은지라

현재 부정사와 함께 거의 항상 사용되는 또 다른 구문은 이유를 나타내는 διὰ τὸ + 부정사 구문이다. 이유 부정사는 다양한 주요한 동작들 뒤에서 그 원인들을 설명한다. 그래서 이 구문은 직설법에서 미완료상을 통하여 오프라인 정보가 전달되는 것과 같이 그것의 미완료상 때문에 현재 부정사에 의해서 당연히 지배된다.

누가복음 8:6
καὶ ἕτερον κατέπεσεν ἐπὶ τὴν πέτραν, καὶ φυὲν ἐξηράνθη **διὰ τὸ μὴ ἔχειν** ἰκμάδα.

더러는 바위 위에 떨어지매 싹이 났다가 습기가 **없으므로** 말랐고

누가복음 18:5
διά γε τὸ παρέχειν μοι κόπον τὴν χήραν ταύτην ἐκδικήσω αὐτήν, ἵνα μὴ εἰς τέλος ἐρχομένη ὑπωπιάζῃ με.

이 과부가 나를 **번거롭게 하니** 내가 그 원한을 풀어 주리라 그렇지 않으면 늘 와서 나를 괴롭게 하리라 하였느니라

요한복음 2:24
αὐτὸς δὲ Ἰησοῦς οὐκ ἐπίστευεν αὐτὸν αὐτοῖς **διὰ τὸ** αὐτὸν **γινώσκειν** πάντας

예수는 그의 몸을 그들에게 의탁하지 아니하셨으니 이는 친히 모든 사람을 **아심이요**

그런 부정사 구문들은 현재 부정사 용례의 대다수를 설명한다. 이 구문들 내에서 기능하지 않는 것들에 대해서 현재 부정사가 아우를 수 있는 특징들은 관점에서 내부적으로 가장 잘 기술될 수 있는 방식 안에서 사건, 동작, 또는 묘사와 관련이 있다.

동작류 상호작용(미완료과거 시제 형태)

미완료과거 시제 형태가 화용론적으로 기능하는 방법들이 있다. 아래에 미완료과거 용례의 가장 일반적이고 중요한 동작류 묘사들과 동작류

의 값이 어떻게 도달하게 되는지에 대한 설명이 있다.

진행상

미완료 시제 형태는 종종 과정이나 진행 중인 동작을 묘사하게 된다. 이것은 미완료 시제 형태의 일반적인 용례이며 미완료상의 자연적인 함축이다. 미완료상은 진행 중인 의미를 만들기 위해서 순간상 또는 상태상이 아닌 어떤 어휘소와 결합한다. 이 진행적인 의미가 문맥에 의해서 제거되지 않는 한, 동작류는 진행상이다.

1. 의미론		**2. 어휘소**		**3. 문맥**		**동작류**
미완료상 원격성	+	비-순간상/ 비-상태상	+	진행을 허용	=	진행상

마태복음 14:36

καὶ **παρεκάλουν** αὐτὸν ἵνα μόνον ἅψωνται τοῦ κρασπέδου τοῦ ἱματίου αὐτοῦ· καὶ ὅσοι ἥψαντο διεσώθησαν.

다만 예수의 옷자락에라도 손을 대게 하시기를 **간구하니** 손을 대는 자는 다 나음을 얻으니라

마가복음 5:24

καὶ ἀπῆλθεν μετ᾽ αὐτοῦ. καὶ **ἠκολούθει** αὐτῷ ὄχλος πολὺς καὶ **συνέθλιβον** αὐτόν.

이에 그와 함께 가실새 큰 무리가 **따라가며 에워싸 밀더라**

요한복음 7:25

Ἔλεγον οὖν τινες ἐκ τῶν Ἱεροσολυμιτῶν· οὐχ οὗτός ἐστιν ὃν ζητοῦσιν ἀποκτεῖναι;

예루살렘 사람 중에서 어떤 사람이 **말하되** 이는 그들이 죽이고자 하는 그 사람이 아니냐

상태상

미완료 시제 형태는 종종 상태를 묘사한다. 이것도 역시 미완료상의 자연적인 함축이다. 미완료상은 문맥에 의해서 전복되지 않는 한, 상태 동작류를 만들기 위해서 상태 어휘소와 결합한다. 상태상 어휘소는 과정이나 타동사적 동작이라기보다는 오히려 존재의 상태를 기술하는 단어이다. 그 어휘소 자체가 상태상이 아닐지라도, 이따금씩 그 문맥이 상태 동작류를 만들기도 한다.

1. 의미론		2. 어휘소		3. 문맥		동작류
미완료상 원격성	+	상태상	+	상태성을 허용 (이따금씩 그것을 만들기도 함)	=	상태상

마가복음 1:16

Καὶ παράγων παρὰ τὴν θάλασσαν τῆς Γαλιλαίας εἶδεν Σίμωνα καὶ Ἀνδρέαν τὸν ἀδελφὸν Σίμωνος ἀμφιβάλλοντας ἐν τῇ θαλάσσῃ· **ἦσαν** γὰρ ἁλιεῖς.

갈릴리 해변으로 지나가시다가 시몬과 그 형제 안드레가 바다에 그물 던지는 것을 보시니 그들은 **어부라**

요한복음 2:25

καὶ ὅτι οὐ χρείαν **εἶχεν** ἵνα τις μαρτυρήσῃ περὶ τοῦ ἀνθρώπου· αὐτὸς γὰρ **ἐγίνωσκεν** τί ἦν ἐν τῷ ἀνθρώπῳ.

또 사람에 대하여 누구의 증언도 받으실 **필요가 없었으니** 이는 그가 친히 사람의 속에 있는 것을 **아셨음이니라**

요한복음 6:21

ἤθελον οὖν λαβεῖν αὐτὸν εἰς τὸ πλοῖον, καὶ εὐθέως ἐγένετο τὸ πλοῖον ἐπὶ τῆς γῆς εἰς ἣν ὑπῆγον.

이에 기뻐서 배로 **영접하니** 배는 곧 그들이 가려던 땅에 이르렀더라

기동(Ingressive)

미완료 과거 시제 형태는 동작의 시작, 그리고 그 이후의 진행을 묘사할 수 있다. 이것은 진행상 동작류와 유사하지만 그 동작의 시작이 보인다는 점에서 다르다. 대부분의 경우 동작의 시작은 문맥에 의해서 표시된다. 그리고 그 문맥 안에서 서사 내부에서 어떤 종류의 전이나 새로운 방향이 나타난다.

1. 의미론		2. 어휘소		3. 문맥		동작류
미완료상 원격성	+	비-순간상/ 비-상태상	+	새 방향 그리고 진행 을 허용	=	기동상

마태복음 5:2

καὶ ἀνοίξας τὸ στόμα αὐτοῦ **ἐδίδασκεν** αὐτοὺς λέγων·

입을 열어 **가르쳐** 이르시되

누가복음 4:39
καὶ ἐπιστὰς ἐπάνω αὐτῆς ἐπετίμησεν τῷ πυρετῷ καὶ ἀφῆκεν αὐτήν· παραχρῆμα δὲ ἀναστᾶσα **διηκόνει** αὐτοῖς.

예수께서 가까이 서서 열병을 꾸짖으신대 병이 떠나고 여자가 곧 일어나 그들에게 **수종드니라**

요한복음 5:16
καὶ διὰ τοῦτο **ἐδίωκον** οἱ Ἰουδαῖοι τὸν Ἰησοῦν, ὅτι ταῦτα ἐποίει ἐν σαββάτῳ.

그러므로 안식일에 이러한 일을 행하신다 하여 유대인들이 예수를 **박해하게 된지라**

반복(Iterative)

미완료 시제 형태는 반복적인 동작을 묘사할 수 있다. 반복적인 동작들은 반복적으로 발생하는 사건들이다. 반복상 동작류를 만들기 위한 두 가지 핵심적인 방법이 있다.

첫째, 미완료상은 순간상 어휘소와 결합한다. 그것은 순간적인 동작의 반복적인 의미를 만들어낸다.

둘째, 미완료상은 동작이 반복되도록 요청하는 문맥 속에서 비-상태상 어휘소와 결합한다.

1. 의미론 미완료상 원격성	+	2. 어휘소 순간상 혹은 비-상태상	+	3. 문맥 반복을 허용 하거나 요청	=	동작류 반복상

마태복음 26:55

Ἐν ἐκείνῃ τῇ ὥρᾳ εἶπεν ὁ Ἰησοῦς τοῖς ὄχλοις· ὡς ἐπὶ λῃστὴν ἐξήλθατε μετὰ μαχαιρῶν καὶ ξύλων συλλαβεῖν με; καθ᾽ ἡμέραν ἐν τῷ ἱερῷ **ἐκαθεζόμην** διδάσκων καὶ οὐκ ἐκρατήσατέ με.

그 때에 예수께서 무리에게 말씀하시되 너희가 강도를 잡는 것 같이 칼과 몽치를 가지고 나를 잡으러 나왔느냐 내가 날마다 성전에 **앉아 가르쳤으되** 너희가 나를 잡지 아니하였도다

마태복음 27:30

καὶ ἐμπτύσαντες εἰς αὐτὸν ἔλαβον τὸν κάλαμον καὶ **ἔτυπτον** εἰς τὴν κεφαλὴν αὐτοῦ.

그에게 침 뱉고 갈대를 빼앗아 그의 머리를 **치더라**

요한복음 3:22

Μετὰ ταῦτα ἦλθεν ὁ Ἰησοῦς καὶ οἱ μαθηταὶ αὐτοῦ εἰς τὴν Ἰουδαίαν γῆν καὶ ἐκεῖ διέτριβεν μετ᾽ αὐτῶν καὶ **ἐβάπτιζεν**.

그 후에 예수께서 제자들과 유대 땅으로 가서 거기 함께 유하시며 **세례를 베푸시더라**

시도(Conative)

미완료과거 시제 형태는 때때로 시도되었지만 성취되지 않은 동사를 묘사하는데 사용되기도 한다. 그런 경우에는 수행되었지만 완결되지 않은 동작을 제시하기 위하여 미완료상이 비-상태 어휘 유형과 결합한다. 그것은 항상 시도 동작류를 요구하는 문맥이 될 것이다. 그 동작이 수행되었지만 성취되지 않은 것을 문맥이 명확하게 할 때 시도로 읽을 수 있다.

1. 의미론		**2. 어휘소**		**3. 문맥**		**동작류**
미완료상 원격성	+	비-상태	+	시도 비성공적	=	시도

마가복음 15:23

καὶ **ἐδίδουν** αὐτῷ ἐσμυρνισμένον οἶνον· ὃς δὲ οὐκ ἔλαβεν.

몰약을 탄 포도주를 **주었으나** 예수께서 받지 아니하시니라

누가복음 1:59

Καὶ ἐγένετο ἐν τῇ ἡμέρᾳ τῇ ὀγδόῃ ἦλθον περιτεμεῖν τὸ παιδίον καὶ **ἐκάλουν** αὐτὸ ἐπὶ τῷ ὀνόματι τοῦ πατρὸς αὐτοῦ Ζαχαρίαν.

팔 일이 되매 아이를 할례하러 와서 그 아버지의 이름을 **따라** 사가랴라 **하고자 하더니**

사도행전 7:26

τῇ τε ἐπιούσῃ ἡμέρᾳ ὤφθη αὐτοῖς μαχομένοις καὶ **συνήλλασσεν** αὐτοὺς εἰς εἰρήνην εἰπών· ἄνδρες, ἀδελφοί ἐστε· ἱνατί ἀδικεῖτε ἀλλήλους;

이튿날 이스라엘 사람끼리 싸울 때에 모세가 와서 **화해시키려 하여** 이르되 너희는 형제인데 어찌 서로 해치느냐 하니

현재와 미완료과거 시제 형태를 위한 연습문제

각각의 구절들에서 (1) 그 동사의 의미론적 의미에 대하여 쓰라. (2) 그 어휘소가 기여한 점에 대하여 진술하라. (3) 문맥 속에서 그 동사의 기능에 대하여 검토하라. 먼저 당신이 답을 다 쓴 후에 아래에 있는 각각의 구절들에 있는 빈 칸 속에 당신이 발견한 것들을 요약하라.

예 문

누가복음 8:45 (x2)
καὶ εἶπεν ὁ Ἰησοῦς· τίς ὁ ἁψάμενός μου; ἀρνουμένων δὲ πάντων εἶπεν ὁ Πέτρος· ἐπιστάτα, οἱ ὄχλοι **συνέχουσίν** σε καὶ **ἀποθλίβουσιν**.

예수께서 이르시되 내게 손을 댄 자가 누구냐 하시니 다 아니라 할 때에 베드로가 이르되 주여 무리가 **밀려들어 미나이다**

1. 동사의 의미론적 의미. 현재 직설법은 의미론적으로 미완료상을 기호화한다 그리고 근접성의 공간적 값을 가진다.
2. 어휘소의 기여. 그 어휘소들은 타동사(목적어에 대하여 행동을 수행하는 동사)이다. 그것들은 즉각성이나 상태성이 아니다.
3. 문맥에서의 기능. 그 문맥은 이 동작들이 발화 시점에 지속적으로 발생하고 있다는 것을 분명하게 해 준다. 그래서 이 동사들은 진행적 동작을 함축한다.

1. 의미론		2. 어휘소		3. 문맥		동작류
미완료상 근접성	+	비-순간상/ 비-상태상	+	진행을 허용	=	진행상

요한복음 7:42

οὐχ ἡ γραφὴ εἶπεν ὅτι ἐκ τοῦ σπέρματος Δαυὶδ καὶ ἀπὸ Βηθλέεμ τῆς κώμης ὅπου ἦν Δαυὶδ **ἔρχεται** ὁ χριστός;

성경에 이르기를 그리스도는 다윗의 씨로 또 다윗이 살던 마을 베들레헴에서 **나오리라** 하지 아니하였느냐 하며

1. 의미론		2. 어휘소		3. 문맥		동작류
	+		+		=	

요한복음 5:16

καὶ διὰ τοῦτο **ἐδίωκον** οἱ Ἰουδαῖοι τὸν Ἰησοῦν, ὅτι ταῦτα ἐποίει ἐν σαββάτῳ.

그러므로 안식일에 이러한 일을 행하신다 하여 유대인들이 예수를 **박해하게 된지라**

1. 의미론		2. 어휘소		3. 문맥		동작류
	+		+		=	

로마서 1:18

Ἀποκαλύπτεται γὰρ ὀργὴ θεοῦ ἀπ᾿ οὐρανοῦ ἐπὶ πᾶσαν ἀσέβειαν καὶ ἀδικίαν ἀνθρώπων τῶν τὴν ἀλήθειαν ἐν ἀδικίᾳ κατεχόντων.

하나님의 진노가 불의로 진리를 막는 사람들의 모든 경건하지 않음과 불의에 대하여 하늘로부터 **나타나나니**

1. 의미론		2. 어휘소		3. 문맥		동작류
	+		+		=	

로마서 8:3

Τὸ γὰρ ἀδύνατον τοῦ νόμου ἐν ᾧ **ἠσθένει** διὰ τῆς σαρκός, ὁ θεὸς τὸν ἑαυτοῦ υἱὸν πέμψας ἐν ὁμοιώματι σαρκὸς ἁμαρτίας καὶ περὶ ἁμαρτίας κατέκρινεν τὴν ἁμαρτίαν ἐν τῇ σαρκί.

율법이 육신으로 말미암아 **연약하여 할 수 없는** 그것을 하나님은 하시나니 곧 죄로 말미암아 자기 아들을 죄 있는 육신의 모양으로 보내어 육신에 죄를 정하사

1. 의미론		2. 어휘소		3. 문맥		동작류
	+		+		=	

요한복음 15:27(x2)

καὶ ὑμεῖς δὲ **μαρτυρεῖτε**, ὅτι ἀπ᾽ ἀρχῆς μετ᾽ ἐμοῦ **ἐστε**.

너희도 처음부터 나와 함께 **있었으므로 증언하느니라**

1. 의미론		2. 어휘소		3. 문맥		동작류
	+		+		=	

로마서 6:8

εἰ δὲ ἀπεθάνομεν σὺν Χριστῷ, **πιστεύομεν** ὅτι καὶ συζήσομεν αὐτῷ.

만일 우리가 그리스도와 함께 죽었으면 또한 그와 함께 살 줄을 **믿노니**

1. 의미론		2. 어휘소		3. 문맥		동작류
	+		+		=	

요한복음 3:22

Μετὰ ταῦτα ἦλθεν ὁ Ἰησοῦς καὶ οἱ μαθηταὶ αὐτοῦ εἰς τὴν Ἰουδαίαν γῆν καὶ ἐκεῖ διέτριβεν μετ᾽ αὐτῶν καὶ **ἐβάπτιζεν**.

그 후에 예수께서 제자들과 유대 땅으로 가서 거기 함께 유하시며 **세례를 베푸시더라**

1. 의미론		2. 어휘소		3. 문맥		동작류
	+		+		=	

로마서 8:13 (x3)

εἰ γὰρ κατὰ σάρκα **ζῆτε**, **μέλλετε** ἀποθνῄσκειν· εἰ δὲ πνεύματι τὰς πράξεις τοῦ σώματος **θανατοῦτε**, ζήσεσθε.

너희가 육신대로 **살면** 반드시 **죽을 것이로되** 영으로써 몸의 행실을 **죽이면** 살리니

1. 의미론		2. 어휘소		3. 문맥		동작류
	+		+		=	

제8장
부정과거 시제 형태와 미래 시제 형태

의미론
동사 상

부정과거 시제 형태는 의미론 층위에서 완료상을 기호화한다. 완료상은 동작이나 상태를 바깥에서 바라본다. 그것은 외부적 관점이다. 리포터와 거리 행진의 예를 다시 사용해 보자면, 외부적 관점은 헬리콥터로부터 보는 관점, 즉 행진을 전체적으로 보는 관점이다. 가까이에서 확대해서 보는 관점(거리에서 = 미완료상)과는 달리, 헬리콥터 안에 있는 리포터는 행진의 자세한 부분을 보지 않고, 그것이 어떻게 전개되는지도 보지 않는다. 그러나 외부로부터 전체 사건을 본다.

미래 시제 형태의 동사 상에 대해서 학자들은 비-상(nonaspectual), 완료상, 미완료상이라고, 혹은 완료상과 미완료상 둘 다라고 주장하는 등 아직 논쟁 중이다. 부분적인 이유이긴 하지만, 이렇게 혼란스럽게 된 것은 동사의 의미와 기능에 대한 이해에 적용하려고 할 때 미래성(futurity)이라는 성격 자체가 어렵기 때문이다. 그럼에도 불구하고, 미래가 완료상을 부호화하는 것으로 간주하는 것이 가장 설득력있는 설명이다. 그래서 그 입장을 이 책에서는 채택한다[1)]

1) 그러한 부분과 관련된 광범위한 논의는 캠벨의 *Indicative Mood*, 139-51을 보라.

공간적/시간적 성격

전통적인 접근법들은 부정과거 시제 형태를 시제로는 과거로 그리고 상으로는 완료상으로 기술했다. 그러나 시제가 여기서는 의미론적 값을 가지지 않는다. 오히려, 시간적 지시(temporal reference)는 부분적으로는 문맥에 의해 결정되는 화용론적인 자질이다. 그 대신에, 부정과거 시제 형태는 의미론적으로는 원격성의 공간적 값을 부호화하는 것으로 간주된다. 그래서 부정과거 시제 형태는 상에서는 완료상이고 원격성이라는 공간적 값을 가지고 있다. 이것들은 취소될 수 없는 의미론적인 값이지만 문맥 속에서 다양한 방식으로 화용론적으로 표현된다. 그것에 대해서는 아래에서 살펴볼 것이다.

화용론(Pragmatics)

서사 기능

부정과거 시제 형태

서사들을 기록한 본문들 가운데 부정과거 직설법이 서사 자체에서 가장 빈번하게 나온다. 부정과거 직설법이 담화에서 사용되기도 하고 심지어 오프라인 자료를 제공할 때도 나오기는 하지만, 서사 내에서 부정과거의 주요한 기능은 그 이야기의 중심적인 흐름의 골격에 해당하는 구조를 개관하는 서사 자체의 줄거리를 제공하는 것이다. 그에 해당하는 예는 아래와 같다.

눅 1:39-41

39 Ἀναστᾶσα δὲ Μαριὰμ ἐν ταῖς ἡμέραις ταύταις **ἐπορεύθη**
εἰς τὴν ὀρεινὴν μετὰ σπουδῆς εἰς πόλιν Ἰούδα, 40 καὶ

εἰσῆλθεν εἰς τὸν οἶκον Ζαχαρίου καὶ **ἠσπάσατο** τὴν Ἐλισάβετ. 41 καὶ ἐγένετο ὡς **ἤκουσεν** τὸν ἀσπασμὸν τῆς Μαρίας ἡ Ἐλισάβετ, **ἐσκίρτησεν** τὸ βρέφος ἐν τῇ κοιλίᾳ αὐτῆς, καὶ **ἐπλήσθη** πνεύματος ἁγίου ἡ Ἐλισάβετ.

이 때에 마리아가 일어나 빨리 산골로 가서 유대 한 동네에 **이르러** 사가랴의 집에 **들어가** 엘리사벳에게 **문안하니** 엘리사벳이 마리아가 문안함을 **들으매** 아이가 복중에서 **뛰노는지라** 엘리사벳이 성령의 **충만함을 받아**

요 19:32-34

ἦλθον οὖν οἱ στρατιῶται καὶ τοῦ μὲν πρώτου **κατέαξαν** τὰ σκέλη καὶ τοῦ ἄλλου τοῦ συσταυρωθέντος αὐτῷ·
33 ἐπὶ δὲ τὸν Ἰησοῦν ἐλθόντες, ὡς **εἶδον** ἤδη αὐτὸν τεθνηκότα, οὐ κατέαξαν αὐτοῦ τὰ σκέλη, 34 ἀλλ᾽ εἷς τῶν στρατιωτῶν λόγχῃ αὐτοῦ τὴν πλευρὰν **ἔνυξεν**, καὶ **ἐξῆλθεν** εὐθὺς αἷμα καὶ ὕδωρ.

군인들이 **가서** 예수와 함께 못 박힌 첫째 사람과 또 그 다른 사람의 다리를 꺾고 예수께 이르러서는 이미 죽으신 것을 **보고** 다리를 **꺾지 아니하고** 그 중 한 군인이 창으로 옆구리를 찌르니 곧 피와 물이 **나오더라**

서사의 줄거리는 그 이야기의 사건들이 즉각적으로 연결되면서 빠르게 제시되어 원격적-완료상의 상황을 만든다. 그와 같이, 부정과거 직설법은 원격-완료 시제 형태로서 그 이야기의 줄거리에 잘 들어맞는다. 그러나 부정과거 시제 형태의 주요한 기능은 화용론적인 자질이며 그래서 취소될 수 있다는 것도 기억해야 한다.

미래 시제 형태

미래 직설법은 종종 서사 자체보다는 담화에서 발견된다. 이것은 아마도 미래 시간 지시 때문일 것이다. 서사에서 미래에 대한 지시는 서사 내부 그래서 그 발화(담화) 내부에 있는 특징들에 의해서 가장 자연스럽게 수행된다.

요 16:13-14

13 ὅταν δὲ ἔλθῃ ἐκεῖνος, τὸ πνεῦμα τῆς ἀληθείας,
ὁδηγήσει ὑμᾶς ἐν τῇ ἀληθείᾳ πάσῃ· **οὐ** γὰρ **λαλήσει**
ἀφ᾽ ἑαυτοῦ, ἀλλ᾽ ὅσα **ἀκούσει λαλήσει** καὶ τὰ ἐρχόμενα
ἀναγγελεῖ ὑμῖν. 14 ἐκεῖνος ἐμὲ **δοξάσει**, ὅτι ἐκ τοῦ
ἐμοῦ **λήμψεται** καὶ **ἀναγγελεῖ** ὑμῖν.

그러나 진리의 성령이 오시면 그가 너희를 모든 진리 가운데로 **인도하시리니** 그가 스스로 **말하지 않고** 오직 들은 것을 **말하며** 장래 일을 너희에게 **알리시리라** 그가 내 **영광을 나타내리니** 내 것을 **가지고** 너희에게 **알리시겠음이라**

동작류 상호작용(부정과거 시제 형태)

언어와 본문의 모든 자질들이 동사에 영향을 줄 때 동작류는 본문 안에서 그 동사가 작용하는 방법을 가리킨다. 특정 동사의 동작류를 결정하는 세 가지 주요한 요소가 있다. 그것은 의미론, 어휘소, 문맥이다. 그러므로 동사가 본문 안에서 무엇을 하는지를 확증하기 위해서 세 가지 단계가 요구된다.

1. 동사의 의미론적 값을 확인하라
2. 어휘소와 의미론과의 상호작용을 고려하라
3. 문맥을 고려하라

1. 의미론		**2. 어휘소**		**3. 문맥**		**동작류**
상? 공간적 값?	+	순간? 상태? 타동사? 등등	+	시간 지시? 지속? 논리? 등	=	과거 진행 반복? 진술?

부정과거 시제 형태가 화용론적으로 기능하는 몇 가지 방법이 있다. 부정과거의 용례 중에서 가장 일반적이고 중요한 동작류를 기술하는 것과 동작류의 값이 어떻게 만들어지는지에 대한 설명에 해당하는 예는 아래와 같다.

요약 (Summary)

부정과거 시제 형태는 종종 과정이나 행동을 요약하는 것으로 묘사하게 된다. 이것은 부정과거 시제 형태의 가장 일반적인 용례이며 완료상의 자연적인 함축이다. 요약적 의미를 만들기 위해서 완료상은 순간 혹은 상태가 아닌 어휘소와 결합한다. 이 요약의 의미가 문맥에 의해서 없어지지 않는 한 동작류는 요약이다.

1. 의미론		**2. 어휘소**		**3. 문맥**		**동작류**
완료상 원격성	+	비-순간/ 비-상태	+	요약을 허용	=	요약

요 1:17

ὅτι ὁ νόμος διὰ Μωϋσέως **ἐδόθη**, ἡ χάρις καὶ ἡ ἀλήθεια διὰ Ἰησοῦ Χριστοῦ **ἐγένετο**.

율법은 모세로 말미암아 **주어진 것이요** 은혜와 진리는 예수 그리스도로 말미암아 **온 것이라**

요 12:41

ταῦτα **εἶπεν** Ἠσαΐας ὅτι **εἶδεν** τὴν δόξαν αὐτοῦ, καὶ ἐλάλησεν περὶ αὐτοῦ.

이사야가 이렇게 **말한 것은** 주의 영광을 보고 주를 가리켜 **말한 것이라**

롬 1:21

διότι γνόντες τὸν θεὸν οὐχ ὡς θεὸν **ἐδόξασαν** ἢ **ηὐχαρίστησαν**, ἀλλ᾽ **ἐματαιώθησαν** ἐν τοῖς διαλογισμοῖς αὐτῶν καὶ **ἐσκοτίσθη** ἡ ἀσύνετος αὐτῶν καρδία.

하나님을 알되 하나님을 **영화롭게도 아니하며 감사하지도 아니하고** 오히려 그 생각이 **허망하여지며** 미련한 마음이 **어두워졌나니**

순간(Punctiliar)

부정과거 시제 형태는 때때로 순간적인 동작을 묘사하게 된다. 이것은 또한 완료상의 자연적인 함축이다. 문맥에 의해서 없어지지 않는 한, 완료상은 순간 동작류를 만들기 위해서 순간을 나타내는 어휘소와 결합한다. 순간을 나타내는 어휘소는 말 그대로 단 한번 발생하는 그리고 즉각적인 동작을 기술한다.

1. 의미론		2. 어휘소		3. 문맥		동작류
완료상 원격성	+	순간	+	순간성을 허용	=	순간

막 5:27

ἀκούσασα περὶ τοῦ Ἰησοῦ, ἐλθοῦσα ἐν τῷ ὄχλῳ ὄπισθεν **ἥψατο** τοῦ ἱματίου αὐτοῦ·

예수의 소문을 듣고 무리 가운데 끼어 뒤로 와서 그의 옷에 **손을 대니**

막 14:47

εἷς δέ [τις] τῶν παρεστηκότων σπασάμενος τὴν μάχαιραν **ἔπαισεν** τὸν δοῦλον τοῦ ἀρχιερέως καὶ **ἀφεῖλεν** αὐτοῦ τὸ ὠτάριον.

곁에 서 있는 자 중의 한 사람이 칼을 빼어 대제사장의 종을 **쳐** 그 귀를 **떨어뜨리니라**

요 19:34

ἀλλ᾽ εἷς τῶν στρατιωτῶν λόγχῃ αὐτοῦ τὴν πλευρὰν **ἔνυξεν**, καὶ ἐξῆλθεν εὐθὺς αἷμα καὶ ὕδωρ.

그 중 한 군인이 창으로 옆구리를 **찌르니** 곧 피와 물이 나오더라

기동(Ingressive)

부정과거 시제 형태는 어떠한 상태로 들어가는 것이거나 새로운 동작의 시작을 묘사할 수 있다. 완료상이 상태 어휘소와 결합할 때, 그 상태의 시작이 보인다. 그래서 기동 동사류가 만들어진다. 그렇지 않다면, 다

양한 유형의 어휘소들이 완료상과 함께 문맥적인 요소들에 의해 기동의 의미를 만들 수 있다.

1. 의미론		2. 어휘소		3. 문맥		동작류
완료상 원격성	+	상태, 혹은 다른 유형	+	상태의 시작, 새로운 방향의 설정	=	기동

마 22:7

ὁ δὲ βασιλεὺς **ὠργίσθη** καὶ πέμψας τὰ στρατεύματα αὐτοῦ ἀπώλεσεν τοὺς φονεῖς ἐκείνους καὶ τὴν πόλιν αὐτῶν ἐνέπρησεν.

임금이 **노하여** 군대를 보내어 그 살인한 자들을 진멸하고 그 동네를 불사르고

요 12:9

Ἔγνω οὖν [ὁ] ὄχλος πολὺς ἐκ τῶν Ἰουδαίων ὅτι ἐκεῖ ἐστιν καὶ ἦλθον οὐ διὰ τὸν Ἰησοῦν μόνον, ἀλλ᾽ ἵνα καὶ τὸν Λάζαρον ἴδωσιν ὃν ἤγειρεν ἐκ νεκρῶν.

유대인의 큰 무리가 예수께서 여기 계신 줄을 **알고** 오니 이는 예수만 보기 위함이 아니요 죽은 자 가운데서 살리신 나사로도 보려 함이러라

계 20:4

καὶ **ἔζησαν** καὶ ἐβασίλευσαν μετὰ τοῦ Χριστοῦ χίλια ἔτη.

살아서 그리스도와 더불어 천 년 동안 왕 노릇 하니

격언(Gnomic)

부정과거 시제 형태들은 보편적이며 시간적 제약을 받지 않는 격언적 동작을 묘사할 수 있다. 격언적 동작류는 일반적인 진술이 있는 문맥과 완료상이 결합하는 것을 통해서 만들어진다. 이것들은 어떤 유형의 어휘소를 포함하기도 한다. 격언적 부정과거는 단순히 시간적 제약을 받지 않는 문맥들 속에서 나타나는 것은 아니다. 오히려 시간 지시에서는 종종 현재로 가장 잘 번역된다. 그와 같이, 격언적 부정과거는 (미완료) 현재 시제 형태와는 대조적으로 시간 지시에서는 현재인 사건들의 제시에 있어서 완료상 선택을 제공한다.

1. 의미론		2. 어휘소		3. 문맥		동작류
완료상 원격성	+	어떤 것이든	+	실재에 대한 보편적 진술	=	격언

마 23:2

λέγων· ἐπὶ τῆς Μωϋσέως καθέδρας **ἐκάθισαν** οἱ γραμματεῖς καὶ οἱ Φαρισαῖοι.

서기관들과 바리새인들이 모세의 자리에 **앉았으니**

눅 7:35

καὶ **ἐδικαιώθη** ἡ σοφία ἀπὸ πάντων τῶν τέκνων αὐτῆς.

지혜는 자기의 모든 자녀로 인하여 **옳다 함을 얻느니라**

약 1:11

ἀνέτειλεν γὰρ ὁ ἥλιος σὺν τῷ καύσωνι καὶ **ἐξήρανεν**

τὸν χόρτον καὶ τὸ ἄνθος αὐτοῦ **ἐξέπεσεν** καὶ ἡ εὐπρέπεια τοῦ προσώπου αὐτοῦ **ἀπώλετο**· οὕτως καὶ ὁ πλούσιος ἐν ταῖς πορείαις αὐτοῦ μαρανθήσεται.

해가 **돋고** 뜨거운 바람이 불어 풀을 **말리면** 꽃이 **떨어져** 그 모양의 아름다움이 **없어지나니** 부한 자도 그 행하는 일에 이와 같이 쇠잔하리라

현재 부정과거

비록 신약성경에서 드물기는 하지만, 부정과거 시제 형태가 심지어 격언적 용례가 아닌 경우에도 현재를 지시할 수도 있다. 그런 경우, 부정과거는 시간적 지시에서 현재인 동작을 묘사하는 데 있어서 완료적 선택을 제공한다. 이것들은 어떤 유형의 어휘소를 포함하기도 한다. 반면에, 현재 시제 지시는 문맥에 의해서 만들어진다.

1. 의미론		2. 어휘소		3. 문맥		동작류
완료상 원격성	+	어떤 것이든	+	현재 지시	=	현재 부정과거

막 1:11

καὶ φωνὴ ἐγένετο ἐκ τῶν οὐρανῶν· σὺ εἶ ὁ υἱός μου ὁ ἀγαπητός, ἐν σοὶ **εὐδόκησα**.

하늘로부터 소리가 나기를 너는 내 사랑하는 아들이라 내가 너를 **기뻐하노라** 하시니라

눅 1:47

καὶ **ἠγαλλίασεν** τὸ πνεῦμά μου ἐπὶ τῷ θεῷ τῷ σωτῆρί μου,

내 마음이 하나님 내 구주를 **기뻐하였음은**

요 13:31

Ὅτε οὖν ἐξῆλθεν, λέγει Ἰησοῦς· νῦν **ἐδοξάσθη** ὁ υἱὸς τοῦ ἀνθρώπου καὶ ὁ θεὸς **ἐδοξάσθη** ἐν αὐτῷ·

그가 나간 후에 예수께서 이르시되 지금 인자가 **영광을 받았고** 하나님도 인자로 말미암아 **영광을 받으셨도다**

미래 부정과거

보다 일반적으로, 부정과거 시제 형태는 미래를 지시하는 문맥에서 사용되기도 한다. 미래 지시 부정과거와 미래 시제 형태 사이의 차이점으로, 부정과거는 의미론적으로 원격성을 부호화한다는 사실에 있는 것 같다. 이 원격성은 부정과거가 미래를 지시하는 일반적인 방식들 중의 하나임을 설명해준다. 그것은 미래 조건문의 범위 내에 있다. 그런 경우에는, 원격성은 논리적으로 기능하며, 그러한 [미래] 조건들의 고유한 것으로 볼 수 있는 가능성(contingency)의 원인이 된다. 미래 부정과거는 어떤 유형의 어휘소를 포함하기도 한다. 반면에 미래 시제 지시는 문맥에 의해서 만들어진다.

1. 의미론		**2. 어휘소**		**3. 문맥**		**동작류**
완료상 원격성	+	어떤 것이든	+	미래 지시	=	미래 부정과거

막 11:24
διὰ τοῦτο λέγω ὑμῖν, πάντα ὅσα προσεύχεσθε καὶ αἰτεῖσθε, πιστεύετε ὅτι **ἐλάβετε**, καὶ ἔσται ὑμῖν.

그러므로 내가 너희에게 말하노니 무엇이든지 기도하고 구하는 것은 **받은** 줄로 믿으라 그리하면 너희에게 그대로 되리라

눅 17:6
εἶπεν δὲ ὁ κύριος· εἰ ἔχετε πίστιν ὡς κόκκον σινάπεως, ἐλέγετε ἂν τῇ συκαμίνῳ [ταύτῃ]· ἐκριζώθητι καὶ φυτεύθητι ἐν τῇ θαλάσσῃ· καὶ **ὑπήκουσεν** ἂν ὑμῖν.

주께서 이르시되 너희에게 겨자씨 한 알만한 믿음이 있었더라면 이 뽕나무더러 뿌리가 뽑혀 바다에 심기어라 하였을 것이요 그것이 너희에게 **순종하였으리라**

계 10:7
ἀλλ᾽ ἐν ταῖς ἡμέραις τῆς φωνῆς τοῦ ἑβδόμου ἀγγέλου, ὅταν μέλλῃ σαλπίζειν, καὶ **ἐτελέσθη** τὸ μυστήριον τοῦ θεοῦ, ὡς εὐηγγέλισεν τοὺς ἑαυτοῦ δούλους τοὺς προφήτας.

일곱째 천사가 소리 내는 날 그의 나팔을 불려고 할 때에 하나님이 그의 종 선지자들에게 전하신 복음과 같이 하나님의 그 비밀이 **이루어지리라** 하더라

비-직설법 구문 용례 (부정과거 시제 형태)

가정법

동사 상은 가정법 구문에서 완벽하게 활용된다. 부정과거 가정법의

사용은 완료상이 규칙적인 표현이라는 것을 드러내어준다. 활동들이 요약되거나, 순간적이거나, 추상적이라기보다는 구체적이다.[2] 이러한 예들은 부정과거 가정법에 의해 전달되는 완료상의 외부적 관점을 보여준다. 그 동작들이 전체적으로 그려진다.

눅 24:49

καὶ [ἰδοὺ] ἐγὼ ἀποστέλλω τὴν ἐπαγγελίαν τοῦ πατρός μου ἐφ᾽ ὑμᾶς· ὑμεῖς δὲ καθίσατε ἐν τῇ πόλει ἕως οὗ **ἐνδύσησθε** ἐξ ὕψους δύναμιν.

볼지어다 내가 내 아버지께서 약속하신 것을 너희에게 보내리니 너희는 위로부터 능력으로 **입혀질** 때까지 이 성에 머물라 하시니라

요 12:49

ὅτι ἐγὼ ἐξ ἐμαυτοῦ οὐκ ἐλάλησα, ἀλλ᾽ ὁ πέμψας με πατὴρ αὐτός μοι ἐντολὴν δέδωκεν τί **εἴπω** καὶ τί **λαλήσω**.

내가 내 자의로 말한 것이 아니요 나를 보내신 아버지께서 내가 **말할** 것과 **이를** 것을 친히 명령하여 주셨으니

고후 9:4

μή πως ἐὰν **ἔλθωσιν** σὺν ἐμοὶ Μακεδόνες καὶ **εὕρωσιν** ὑμᾶς ἀπαρασκευάστους **καταισχυνθῶμεν** ἡμεῖς, ἵνα μὴ λέγω ὑμεῖς, ἐν τῇ ὑποστάσει ταύτῃ.

혹 마게도냐인들이 나와 함께 **가서** 너희가 준비하지 아니한 것을 **보**

---

2) 캠벨, *Non-Indicative Verbs*, 56.

면 너희는 고사하고 우리가 이 믿던 것에 **부끄러움을 당할까** 두려워 하노라

부정과거 가정법 구문은 일반적으로 현재 가정법을 사용하지 않는 특정한 문장 구조에서 나타난다. 단호한 미래 부정 문장 구조는 오직 부정과거 가정법과 함께 (그리고 또한 미래 직설법과 함께) 나타난다. 이것은 미래에 발생하지 않을 사건들에 대해서 말할 때 완료상이 필요하다는 사실에 기인한다.[3] 그래서 그 두 동사들이 완료상을 부호화하기 때문에 우리는 부정과거 가정법과 미래 직설법 사이에 있는 유사점을 관찰할 수 있다.

요 8:12
Πάλιν οὖν αὐτοῖς ἐλάλησεν ὁ Ἰησοῦς λέγων· ἐγώ εἰμι τὸ φῶς τοῦ κόσμου· ὁ ἀκολουθῶν ἐμοὶ **οὐ μὴ περιπατήσῃ** ἐν τῇ σκοτίᾳ, ἀλλ᾽ ἕξει τὸ φῶς τῆς ζωῆς.

예수께서 또 말씀하여 이르시되 나는 세상의 빛이니 나를 따르는 자는 어둠에 **다니지 아니하고** 생명의 빛을 얻으리라

롬 4:8
μακάριος ἀνὴρ οὗ **οὐ μὴ λογίσηται** κύριος ἁμαρτίαν.

주께서 그 죄를 **인정하지 아니하실** 사람은 복이 있도다 함과 같으니라

3) 이것은 아주 복잡한 개념이다. 이것을 이해하기 위해서는 캠벨, *Non-Indicative Verbs*, 58-59를 보라.

오직 부정과거 가정법만을 사용하고 결코 현재 가정법을 사용하지 않는 또 하나의 문장 구조는 **ἕως** + 가정법이다. 완료상은 이 용례에 적합하다. 왜냐하면 이 문장 구조는 종종 새로운 상황이 시작되거나 현존하는 상황이 마치는 미래의 어느 지점을 지시하기 때문이다.

눅 24:49
καὶ [ἰδοὺ] ἐγὼ ἀποστέλλω τὴν ἐπαγγελίαν τοῦ πατρός μου ἐφ᾽ ὑμᾶς· ὑμεῖς δὲ καθίσατε ἐν τῇ πόλει **ἕως** οὗ **ἐνδύσησθε** ἐξ ὕψους δύναμιν.

볼지어다 내가 내 아버지께서 약속하신 것을 너희에게 보내리니 너희는 위로부터 **능력으로 입혀질 때까지** 이 성에 머물라 하시니라

행 2:35
ἕως ἂν **θῶ** τοὺς ἐχθρούς σου ὑποπόδιον τῶν ποδῶν σου.

내가 네 원수로 네 발등상이 **되게 하기까지** 너는 내 우편에 앉아 있으라 하셨도다 하였으니

명령법

부정과거 명령법은 의미론적으로 완료상을 부호화한다. 그것의 주요한 화행론적 기능은 명확한 명령들을 전달하는 것이다. 만약에 실행되어야 하는 상황이 명확하다면, 명령은 명확하다; 그것은 하나의 명확한 상황 내에서 동작을 실행할 명확한 행위자를 포함한다. 부정과거 명령법의 이러한 기능은 본질적으로 일반적인 명령을 주로 전달하는 현재 명령법과는 분명한 대조를 보인다. 완료상은 특정한 명령을 전달하는데 가장 알맞다. 왜냐하면 외부적 관점은 그 자체가 한정성(definiteness)에 대한

표현이기 때문이다.

그럼에도 불구하고, 우리가 명심해야 하는 것은 명확한 명령이 부정과거 명령법의 화용론적 기능이라는 것이다. 명확한 명령이 분명하게 의도되지 않는 경우들도 있다. 그리고 이것도 역시 문맥에 의하여 결정되어야 한다. 그럴 경우, 부정과거 명령법은 그것의 완료상으로 인해 전체적으로 보여지는 일반적인 명령을 표현하기도 한다. 이것이 부정과거 명령법이 작동하고 있는 방법이라는 것을 문맥이 분명하게 뒷받침할 때, 현재 명령법의 일반적인 기능으로부터 부정과거 명령법을 구별하기 어렵다.[4)]

부정과거 명령법은 명확한 명령을 전달하는 것이라고 제시한다고 해서 그 의도된 동작이 본질적으로 즉각성(instantaneous) 혹은 즉시성(immediate)을 의미한다는 것은 아니다. 그런 식의 결론은 부정과거 직설법은 반드시 그리고 항상 순간적인 동작을 암시하는 것이라고 잘못된 결론을 내리는 것과 유사한 방식으로 상과 동작류를 혼동하는 것이다. 그러나 그렇지 않다. 그래서 부정과거 명령법은 명확한 명령을 공표하는 것이지만, 반드시 즉각적인 명령을 공표하는 것은 아니다. 아래의 예문들은 부정과거 명령법과 함께 명확한 명령들이 공표된 예들이다.

눅 5:4

Ὡς δὲ ἐπαύσατο λαλῶν, εἶπεν πρὸς τὸν Σίμωνα· **ἐπανάγαγε** εἰς τὸ βάθος καὶ **χαλάσατε** τὰ δίκτυα ὑμῶν εἰς ἄγραν.

---

4) 불명확한 부정과거 명령법들에 대한 보다 자세한 내용은 캠벨, *Non-Indicative Verbs*, 86-91을 보라.

말씀을 마치시고 시몬에게 이르시되 깊은 데로 **가서** 그물을 **내려** 고기를 잡으라

요 2:7-8

7 λέγει αὐτοῖς ὁ Ἰησοῦς· **γεμίσατε** τὰς ὑδρίας ὕδατος.
καὶ ἐγέμισαν αὐτὰς ἕως ἄνω. 8 καὶ λέγει αὐτοῖς· ἀντλήσατε
νῦν καὶ φέρετε τῷ ἀρχιτρικλίνῳ· οἱ δὲ ἤνεγκαν.

예수께서 그들에게 이르시되 항아리에 물을 **채우라** 하신즉 아귀까지 채우니 이제는 떠서 연회장에게 갖다 주라 하시매 갖다 주었더니

요 19:6

Ὅτε οὖν εἶδον αὐτὸν οἱ ἀρχιερεῖς καὶ οἱ ὑπηρέται ἐκραύγασαν λέγοντες· **σταύρωσον σταύρωσον**. λέγει αὐτοῖς ὁ Πιλᾶτος· **λάβετε** αὐτὸν ὑμεῖς καὶ **σταυρώσατε**· ἐγὼ γὰρ οὐχ εὑρίσκω ἐν αὐτῷ αἰτίαν.

대제사장들과 아랫사람들이 예수를 보고 소리 질러 이르되 **십자가에 못 박으소서 십자가에 못 박으소서** 하는지라 빌라도가 이르되 너희가 친히 **데려다가 십자가에 못 박으라** 나는 그에게서 죄를 찾지 못하였노라

그러나 이 기능이 부정과거 명령법에 속한다고 보기에 어려운 예들도 있다. 이 시점에서 우리가 기억해야 하는 것은 명확한 명령들의 암시가 부정과거 명령법의 화용론적 기능이라는 것이다. 그러므로 그것은 취소될 수 있다. 그런 경우에, 완료상의 의미론적 값은 다른 방식의 화용론적인 기능으로 이해해야 한다.

분사

부정과거 분사는 의미론적으로는 완료상을 부호화한다. 부정과거 분사의 동사 상은 부정과거 분사의 주요한 화용론적 기능이 되게 한다. 그것은 주동사보다 시간적으로 앞서는 동작을 가장 자주 표현한다. 다시 말하자면, 주 동사의 동작이 부정과거 분사의 동작 다음에 발생한다.

마 5:1

ἰδὼν δὲ τοὺς ὄχλους ἀνέβη εἰς τὸ ὄρος, καὶ **καθίσαντος** αὐτοῦ προσῆλθαν αὐτῷ οἱ μαθηταὶ αὐτοῦ·

예수께서 무리를 **보시고** 산에 올라가 앉으시니 제자들이 나아온지라

요 19:29-30

29 σκεῦος ἔκειτο ὄξους μεστόν· σπόγγον οὖν μεστὸν τοῦ ὄξους ὑσσώπῳ **περιθέντες** προσήνεγκαν αὐτοῦ τῷ στόματι. 30 ὅτε οὖν ἔλαβεν τὸ ὄξος [ὁ] Ἰησοῦς εἶπεν· τετέλεσται, καὶ **κλίνας** τὴν κεφαλὴν παρέδωκεν τὸ πνεῦμα.

거기 신 포도주가 가득히 담긴 그릇이 있는지라 사람들이 신 포도주를 적신 해면을 우슬초에 **매어** 예수의 입에 대니 예수께서 신 포도주를 받으신 후에 이르시되 다 이루었다 하시고 머리를 **숙이니** 영혼이 떠나가시니라

롬 5:1

Δικαιωθέντες οὖν ἐκ πίστεως εἰρήνην ἔχομεν πρὸς τὸν θεὸν διὰ τοῦ κυρίου ἡμῶν Ἰησοῦ Χριστοῦ

그러므로 우리가 믿음으로 **의롭다 하심을 받았으니** 우리 주 예수 그

리스도로 말미암아 하나님과 화평을 누리자

부정과거 분사의 완료상은, 비록 드문 경우이기는 하지만, 시간적으로 주동사의 다음 동작을 표현할 수도 있다.

행 25:13

Ἡμερῶν δὲ διαγενομένων τινῶν Ἀγρίππας ὁ βασιλεὺς καὶ Βερνίκη κατήντησαν εἰς Καισάρειαν **ἀσπασάμενοι** τὸν Φῆστον.

수일 후에 아그립바 왕과 버니게가 베스도에게 **문안하러** 가이사랴에 와서

더군다나, 부정과거 분사는 주동사의 동작과 동시에 발생하는 동작을 표현할 수도 있다. 그러나 이러한 용례는 수반되는 환경의 문장 구조 내에서만 발생한다. 그것은 나중에 다룰 것이다. 부정과거 분사의 완료상이 그런 구문들 내에서는 다른 화용론적 용례를 표명한다는 것을 설명하는 것으로 여기서는 충분하다.

눅 1:19

καὶ **ἀποκριθεὶς** ὁ ἄγγελος εἶπεν αὐτῷ· ἐγώ εἰμι Γαβριὴλ ὁ παρεστηκὼς ἐνώπιον τοῦ θεοῦ καὶ ἀπεστάλην λαλῆσαι πρὸς σὲ καὶ εὐαγγελίσασθαί σοι ταῦτα·

천사가 **대답하여** 이르되 나는 하나님 앞에 서 있는 가브리엘이라 이 좋은 소식을 전하여 네게 말하라고 보내심을 받았노라

부정사(Infinitive)

비록 가끔씩 판단하기 어려울 때가 있지만, 부정과거 부정사는 의미론적으로는 완료상을 부호화한다. 이 동사 상은 특정한 부정사 구문들 내에서 발견되는 주요한 기능들과 더불어 다양한 방법들을 표현한다. 부정과거 부정사의 용례는 주로 그것을 요구하는 부정사 구문을 통하여 일반적으로 결정된다. 이러한 구문들 중에서 많은 경우, 부정과거 부정사의 선택은 분명히 완료상 때문이다.

세 가지 부정사 구문이 시간 표현과 관련이 있다. 하나는 앞선 시간을 표현하고 다른 둘은 그 다음 시간을 표현한다. 이 표현들은 **μετὰ τό** + 부정사, **πρό τοῦ** + 부정사 그리고 **πρίν** + 부정사이다. 부정과거 부정사의 완료상은 시간 구문에서 앞선 시간의 동작과 그 이후의 시간의 동작을 지시하는 완료상의 용례를 허용한다. 부정과거 분사의 경우와 유사한 방식으로 부정과거 부정사의 완료상의 한정되지 않고 요약적인 관점은, 시간적으로 말하자면, 주 동사의 둘 중의 한 쪽 측면으로 일어나는 동작에 대한 묘사에 자연스럽게 맞다.

눅 12:5

ὑποδείξω δὲ ὑμῖν τίνα φοβηθῆτε· φοβήθητε τὸν **μετὰ τὸ ἀποκτεῖναι** ἔχοντα ἐξουσίαν ἐμβαλεῖν εἰς τὴν γέενναν. ναὶ λέγω ὑμῖν, τοῦτον φοβήθητε.

마땅히 두려워할 자를 내가 너희에게 보이리니 곧 **죽인 후에** 또한 지옥에 던져 넣는 권세 있는 그를 두려워하라 내가 참으로 너희에게 이르노니 그를 두려워하라

눅 22:15
καὶ εἶπεν πρὸς αὐτούς· ἐπιθυμίᾳ ἐπεθύμησα τοῦτο τὸ πάσχα φαγεῖν μεθ᾽ ὑμῶν **πρὸ τοῦ με παθεῖν**.

이르시되 **내가 고난을 받기 전에** 너희와 함께 이 유월절 먹기를 원하고 원하였노라

요 4:49
λέγει πρὸς αὐτὸν ὁ βασιλικός· κύριε, κατάβηθι **πρὶν ἀποθανεῖν** τὸ παιδίον μου.

신하가 이르되 주여 내 아이가 **죽기 전에** 내려오소서

동작류 상호작용 (미래 시제 형태)

미래 시제 형태가 화용론적으로 기능하는 다양한 방법이 있다. 미래 용례들 중에서 가장 일반적이고 중요한 동작류에 대한 기술과 동작류의 값이 어떤 과정을 거쳐 나오게 되는지에 대한 설명이 아래에 예문에서 제시하고자 한다. 이 동작류들이 부정과거의 용례에서 발견되는 것들과 유사하다는 것을 보게 될 것이다. 아래의 예문들은 모두 완료상을 함께 가지고 있는 것을 예상할 수 있다.

요약 미래 (Summary Future)

미래 시제 형태는 어떤 과정이나 동작을 요약하는 것을 종종 묘사한다. 이것은 미래 시제 형태의 가장 일반적인 용례이며 완료상의 자연스러운 함축이다. 요약의 의미를 만들기 위해서 완료상은 순간(punctiliar)이나 상태(stative)가 아닌 어휘소와 결합한다. 이 요약의 의미가 문맥에

의해서 없어지지 않는 한 동작류는 요약이다.

1. 의미론 완료상 미래 지시	+	2. 어휘소 비-순간성 비-상태성	+	3. 문맥 요약을 허용	=	동작류 요약

마 10:21

Παραδώσει δὲ ἀδελφὸς ἀδελφὸν εἰς θάνατον καὶ πατὴρ τέκνον, καὶ **ἐπαναστήσονται** τέκνα ἐπὶ γονεῖς καὶ **θανατώσουσιν** αὐτούς.

장차 형제가 형제를, 아버지가 자식을 죽는 데에 **내주며** 자식들이 부모를 **대적하여 죽게 하리라**

눅 13:24

ἀγωνίζεσθε εἰσελθεῖν διὰ τῆς στενῆς θύρας, ὅτι πολλοί, λέγω ὑμῖν, **ζητήσουσιν** εἰσελθεῖν καὶ **οὐκ ἰσχύσουσιν**.

좁은 문으로 들어가기를 힘쓰라 내가 너희에게 이르노니 들어가기를 **구하여도 못하는 자가 많으리라**

요 16:13-14

13 ὅταν δὲ ἔλθῃ ἐκεῖνος, τὸ πνεῦμα τῆς ἀληθείας,
ὁδηγήσει ὑμᾶς ἐν τῇ ἀληθείᾳ πάσῃ· οὐ γὰρ **λαλήσει**
ἀφ᾽ ἑαυτοῦ, ἀλλ᾽ ὅσα **ἀκούσει λαλήσει** καὶ τὰ
ἐρχόμενα **ἀναγγελεῖ** ὑμῖν. 14 ἐκεῖνος ἐμὲ **δοξάσει**, ὅτι
ἐκ τοῦ ἐμοῦ **λήμψεται** καὶ **ἀναγγελεῖ** ὑμῖν.

그러나 진리의 성령이 오시면 그가 너희를 모든 진리 가운데로 **인도**

하시리니 그가 스스로 **말하지 않고** 오직 들은 것을 **말하며** 장래 일을 너희에게 **알리시리라** 그가 내 **영광을 나타내리니** 내 것을 **가지고** 너희에게 **알리시겠음이라**

순간(punctiliar)

미래 시제 형태는 이따금씩 순간적인 동작을 묘사하기도 한다. 이것도 또한 완료상의 자연스러운 함축이다. 문맥에 의해서 없어지지 않는 한 순간 동작류를 만들기 위해서 완료상은 순간 어휘소와 결합한다. 순간 어휘소는 단 한번 발생하는(once-occuring) 그리고 즉각적인(instantaneous) 동작을 기술하는 단어다.

1. 의미론		2. 어휘소		3. 문맥		동작류
완료상 미래 지시	+	순간	+	순간성을 허용	=	순간

막 14:27

καὶ λέγει αὐτοῖς ὁ Ἰησοῦς ὅτι πάντες σκανδαλισθήσεσθε, ὅτι γέγραπται· **πατάξω** τὸν ποιμένα, καὶ τὰ πρόβατα διασκορπισθήσονται.

예수께서 제자들에게 이르시되 너희가 다 나를 버리리라 이는 기록된 바 내가 목자를 **치리니** 양들이 흩어지리라 하였음이니라

눅 5:37

καὶ οὐδεὶς βάλλει οἶνον νέον εἰς ἀσκοὺς παλαιούς· εἰ

δὲ μή γε, **ῥήξει** ὁ οἶνος ὁ νέος τοὺς ἀσκοὺς καὶ αὐτὸς ἐκχυθήσεται καὶ οἱ ἀσκοὶ ἀπολοῦνται·

새 포도주를 낡은 가죽 부대에 넣는 자가 없나니 만일 그렇게 하면 새 포도주가 부대를 **터뜨려** 포도주가 쏟아지고 부대도 못쓰게 되리라

행 1:5

ὅτι Ἰωάννης μὲν ἐβάπτισεν ὕδατι, ὑμεῖς δὲ ἐν πνεύματι **βαπτισθήσεσθε** ἁγίῳ οὐ μετὰ πολλὰς ταύτας ἡμέρας.

요한은 물로 세례를 베풀었으나 너희는 몇 날이 못되어 성령으로 세례를 **받으리라** 하셨느니라

기동(Ingressive)

부정과거 시제 형태에서와 같이, 미래 시제 형태는 어떤 상태나 동작의 시작을 보는 기동적인 동작을 묘사할 수 있다. 이것은 미래 형태의 완료상이 상태적 어휘소와 결합하거나 문맥이 그 동작의 시작을 지시하는 어떤 새로운 상황을 의미할 때 발생한다.

1. 의미론		**2. 어휘소**		**3. 문맥**		**동작류**
완료상 미래 지시	+	상태성, 혹은 다른 유형	+	상태의 시작 새로운 방향 의 설정	=	기동

마 9:18

Ταῦτα αὐτοῦ λαλοῦντος αὐτοῖς, ἰδοὺ ἄρχων εἷς ἐλθὼν προσεκύνει αὐτῷ λέγων ὅτι ἡ θυγάτηρ μου ἄρτι ἐτελεύτησεν· ἀλλὰ ἐλθὼν ἐπίθες τὴν χεῖρά σου ἐπ᾽ αὐτήν, καὶ **ζήσεται**.

예수께서 이 말씀을 하실 때에 한 관리가 와서 절하며 이르되 내 딸이 방금 죽었사오나 오셔서 그 몸에 손을 얹어 주소서 그러면 **살아나겠나이다** 하니

마 19:21

ἔφη αὐτῷ ὁ Ἰησοῦς· εἰ θέλεις τέλειος εἶναι, ὕπαγε πώλησόν σου τὰ ὑπάρχοντα καὶ δὸς [τοῖς] πτωχοῖς, καὶ **ἕξεις** θησαυρὸν ἐν οὐρανοῖς, καὶ δεῦρο ἀκολούθει μοι.

예수께서 이르시되 네가 온전하고자 할진대 가서 네 소유를 팔아 가난한 자들에게 주라 그리하면 하늘에서 보화가 네게 **있으리라** 그리고 와서 나를 따르라 하시니

막 4:13

Καὶ λέγει αὐτοῖς· οὐκ οἴδατε τὴν παραβολὴν ταύτην, καὶ πῶς πάσας τὰς παραβολὰς **γνώσεσθε**;

또 이르시되 너희가 이 비유를 알지 못할진대 어떻게 모든 비유를 **알겠느냐**

부정과거 시제 형태와 미래 시제 형태를 위한 연습문제

각각의 구절들에서 (1) 그 동사의 의미론적 의미에 대하여 쓰라. (2) 그 어휘소가 기여한 점에 대하여 진술하라. (3) 문맥 속에서 그 동사의 기능에 대하여 검토하라. 먼저 당신이 답을 다 쓴 후에 아래에 있는 각각의 구절들에 있는 빈 칸 속에 당신이 발견한 것들을 요약하라.

예문

요 19:34

ἀλλ᾽ εἷς τῶν στρατιωτῶν λόγχῃ αὐτοῦ τὴν πλευρὰν **ἔνυξεν**, καὶ ἐξῆλθεν εὐθὺς αἷμα καὶ ὕδωρ.

그 중 한 군인이 창으로 옆구리를 **찌르니** 곧 피와 물이 나오더라

1. 동사의 의미론적 의미. 과거 직설법은 의미론적으로 완료상을 부호화한다 그리고 원격성의 공간적 값을 가진다.
2. 어휘소의 기여. 그 어휘소는 순간적이다. 그것은 즉각적인 동작이다.
3. 문맥에서의 기능. 그 문맥은 순간성을 허용한다.

1. 의미론		2. 어휘소		3. 문맥		동작류
완료상 원격성	+	순간성	+	순간성 허용	=	순간

요 7:32

ἤκουσαν οἱ Φαρισαῖοι τοῦ ὄχλου γογγύζοντος περὶ αὐτοῦ ταῦτα, καὶ **ἀπέστειλαν** οἱ ἀρχιερεῖς καὶ οἱ Φαρισαῖοι ὑπηρέτας ἵνα πιάσωσιν αὐτόν.

예수에 대하여 무리가 수군거리는 것이 바리새인들에게 들린지라 대제사장들과 바리새인들이 그를 잡으려고 아랫사람들을 **보내니**

1. 의미론		2. 어휘소		3. 문맥		동작류
	+		+		=	

롬 6:14

ἁμαρτία γὰρ ὑμῶν οὐ **κυριεύσει**· οὐ γάρ ἐστε ὑπὸ νόμον ἀλλὰ ὑπὸ χάριν.

죄가 너희를 **주장하지 못하리니** 이는 너희가 법 아래에 있지 아니하고 은혜 아래에 있음이라

1. 의미론		2. 어휘소		3. 문맥		동작류
	+		+		=	

롬 3:23

πάντες γὰρ **ἥμαρτον** καὶ ὑστεροῦνται τῆς δόξης τοῦ θεοῦ

모든 사람이 죄를 **범하였으매** 하나님의 영광에 이르지 못하더니

1. 의미론		2. 어휘소		3. 문맥		동작류
	+		+		=	

요 1:10

ἐν τῷ κόσμῳ ἦν, καὶ ὁ κόσμος δι᾽ αὐτοῦ ἐγένετο, καὶ ὁ κόσμος αὐτὸν **οὐκ ἔγνω**.

그가 세상에 계셨으며 세상은 그로 말미암아 지은 바 되었으되 세상이 그를 **알지 못하였고**

1. 의미론		2. 어휘소		3. 문맥		동작류
	+		+		=	

막 14:27

καὶ λέγει αὐτοῖς ὁ Ἰησοῦς ὅτι πάντες σκανδαλισθήσεσθε, ὅτι γέγραπται· **πατάξω** τὸν ποιμένα, καὶ τὰ πρόβατα διασκορπισθήσονται.

예수께서 제자들에게 이르시되 너희가 다 나를 버리리라 이는 기록된 바 내가 목자를 **치리니** 양들이 흩어지리라 하였음이니라

1. 의미론		2. 어휘소		3. 문맥		동작류
	+		+		=	

요 7:26

καὶ ἴδε παρρησίᾳ λαλεῖ καὶ οὐδὲν αὐτῷ λέγουσιν. μήποτε ἀληθῶς **ἔγνωσαν** οἱ ἄρχοντες ὅτι οὗτός ἐστιν ὁ χριστός;

보라 드러나게 말하되 그들이 아무 말도 아니하는도다 당국자들은 이 사람을 참으로 그리스도인 줄 **알았는가**

1. 의미론		2. 어휘소		3. 문맥		동작류
	+		+		=	

롬 8:11

εἰ δὲ τὸ πνεῦμα τοῦ ἐγείραντος τὸν Ἰησοῦν ἐκ νεκρῶν οἰκεῖ ἐν ὑμῖν, ὁ ἐγείρας Χριστὸν ἐκ νεκρῶν **ζῳοποιήσει** καὶ τὰ θνητὰ σώματα ὑμῶν διὰ τοῦ ἐνοικοῦντος αὐτοῦ πνεύματος ἐν ὑμῖν.

예수를 죽은 자 가운데서 살리신 이의 영이 너희 안에 거하시면 그리스도 예수를 죽은 자 가운데서 살리신 이가 너희 안에 거하시는 그의 영으로 말미암아 너희 죽을 몸도 **살리시리라**

1. 의미론		**2. 어휘소**		**3. 문맥**		**동작류**
	+		+		=	

롬 8:30

οὓς δὲ **προώρισεν**, τούτους καὶ **ἐκάλεσεν**· καὶ οὓς **ἐκάλεσεν**, τούτους καὶ **ἐδικαίωσεν**· οὓς δὲ **ἐδικαίωσεν**, τούτους καὶ **ἐδόξασεν**.

또 **미리 정하신** 그들을 또한 **부르시고 부르신** 그들을 또한 **의롭다 하시고 의롭다 하신** 그들을 또한 **영화롭게 하셨느니라**

1. 의미론		**2. 어휘소**		**3. 문맥**		**동작류**
	+		+		=	

제9장
현재완료 시제 형태와 과거완료 시제 형태

의미론(Semantics)
동사 상

현재완료 시제 형태의 동사 상은 논쟁거리다. 상태상, 완료상, 미완료상이라는 주장에서부터 완료상과 미완료상 둘 다라는 주장에 이르기까지 다양하다. 부분적인 이유이긴 하지만, 헬라어의 현재완료 시제가 라틴어의 현재완료 시제와 유사하다는 가정 때문에 이러한 혼란이 발생하기도 한다. 그럼에도 불구하고, 현재완료가 미완료상을 부호화한다고 간주하는 것은 가장 강력한 설득력을 제공한다. 그러므로 이 책에서는 이 입장을 채택할 것이다.[1)]

현재완료 시제 형태와 과거완료 시제 형태는 의미론적 층위에서 미완료상을 부호화한다. 미완료상은 동작이나 상태를 내부로부터 본다. 그것은 내부적 관점이다. 리포터와 거리 행진의 예화를 사용하여 말하자면, 내부적 관점은 바로 앞에서 퍼레이드를 보는 것, 즉 거리에서 보는 관점이다. 멀리 떨어져서(헬리콥터 안에서 = 완료상) 보는 것과는 달리, 그 거리 위에서 그 리포터는 그 퍼레이드의 처음과 끝을 보는 것은 아니다. 그러나 세부적인 사항들에 대한 관점을 가지고 있다.

공간적인 성격(Spatial Qualities)

여기서 현재완료 시제 형태와 과거완료 시제 형태가 상에서는 미완료

1) 그러한 부분과 관련된 광범위한 논의는 캠벨의 *Indicative Mood*, 184-189를 보라.

로 간주되기 때문에 그 둘이 현재 시제 형태와 미완료과거 시제 형태들과 어떻게 구별되는지에 대한 질문이 생길 수 밖에 없을 것이다. 마치 현재 시제 형태와 미완료 과거 시제 형태가 의미론적으로 근접성과 원격성이라는 공간적인 값을 각각 부호화하는 것처럼, 현재완료 시제와 과거완료 시제도 이러한 공간적인 값들을 각각 부호화한다.

그러나 이러한 시제 형태들은 공간적인 값들이 강화된다. 그래서 현재완료 시제 형태는 의미론적으로 강화된 근접성(heightened proximity)이라는 공간적인 값과 함께 미완료상을 부호화한다. 과거완료 시제 형태는 의미론적으로 강화된 원격성(heightened remoteness)이라는 공간적인 값과 함께 미완료상을 부호화한다. 아래에 있는 도표는 근접성(현재 시제 형태)과 강화된 근접성(현재완료 시제 형태) 사이의 차이점을 보여준다.

가장 근접한 미완료성(현재 시제 형태) 미완료성과 강화된 근접성

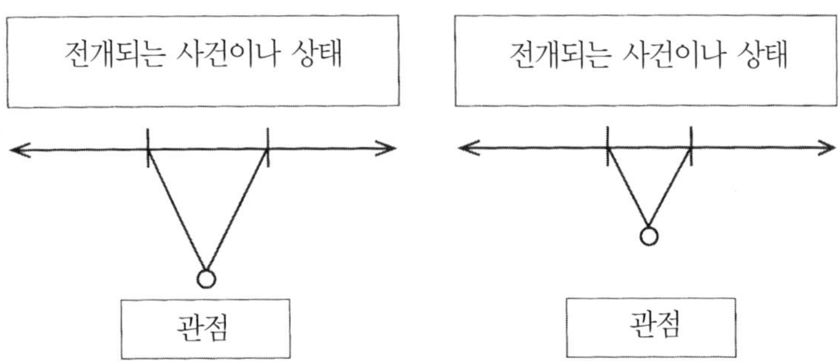

화용론(Pragmatics)

서사 기능

현재완료 시제 형태

서사를 기록한 본문들 가운데 현재완료 직설법은 담화-직접 담화, 간접 담화, 그리고 저자 담화-에서 가장 자주 발견된다. 아래의 예들이 예증해준다. 이런 식으로 현재완료 시제의 분포는 현재 시제의 분포와 유

사하다.

요 7:28

ἔκραξεν οὖν ἐν τῷ ἱερῷ διδάσκων ὁ Ἰησοῦς καὶ λέγων· καμὲ **οἴδατε** καὶ **οἴδατε** πόθεν εἰμί· καὶ ἀπ᾽ ἐμαυτοῦ **οὐκ ἐλήλυθα**, ἀλλ᾽ ἔστιν ἀληθινὸς ὁ πέμψας με, ὃν ὑμεῖς **οὐκ οἴδατε**·

예수께서 성전에서 가르치시며 외쳐 이르시되 너희가 나를 알고 내가 어디서 온 것도 **알거니와** 내가 **스스로 온 것이 아니니라** 나를 보내신 이는 참되시니 너희는 그를 **알지 못하나**

요 15:24

εἰ τὰ ἔργα μὴ ἐποίησα ἐν αὐτοῖς ἃ οὐδεὶς ἄλλος ἐποίησεν, ἁμαρτίαν οὐκ εἴχοσαν· νῦν δὲ καὶ **ἑωράκασιν** καὶ **μεμισήκασιν** καὶ ἐμὲ καὶ τὸν πατέρα μου.

내가 아무도 못한 일을 그들 중에서 하지 아니하였더라면 그들에게 죄가 없었으려니와 지금은 그들이 나와 내 아버지를 **보았고** 또 미워 **하였도다**

발화나 생각이 독자의 눈 앞에서 마치 전개되는 것처럼 즉시 제시될 때, 담화는 근접한-미완료상 문맥을 만든다. 그와 같이, 현재완료 직설법은 담화에 끌려서 근접한-미완료상 시제 형태를 가진다. 그러나 현재완료 시제 형태의 담화적 기능은 화용론적 자질이며 그래서 취소될 수 있다는 것을 기억해야 한다.

과거완료 시제 형태

그러나 과거완료 직설법은 담화보다는 서사 그 자체에서 가장 자주 발견된다. 서사 그 자체 내에서 그것의 일반적인 기능은 오프라인 자료를 제공하는 것이다. 부정과거가 전형적으로 서사의 중심적인 흐름의 골격에 해당하는 구조를 제공하는 반면에, 과거 완료는 상세히 기술하거나 특성화시키거나 설명하는 보충적인 정보를 가장 자주 제공한다. 그 예들은 다음과 같다. 이런 식으로 과거완료의 분포는 미완료과거의 분포와 유사하다.

눅 4:41

ἐξήρχετο δὲ καὶ δαιμόνια ἀπὸ πολλῶν κρ[αυγ]άζοντα καὶ λέγοντα ὅτι σὺ εἶ ὁ υἱὸς τοῦ θεοῦ. καὶ ἐπιτιμῶν οὐκ εἴα αὐτὰ λαλεῖν, ὅτι **ᾔδεισαν** τὸν χριστὸν αὐτὸν εἶναι.

여러 사람에게서 귀신들이 나가며 소리 질러 이르되 당신은 하나님의 아들이니이다 예수께서 꾸짖으사 그들이 말함을 허락하지 아니하시니 이는 자기를 그리스도인 줄 **앎이러라**

요 7:30

Ἐζήτουν οὖν αὐτὸν πιάσαι, καὶ οὐδεὶς ἐπέβαλεν ἐπ᾽ αὐτὸν τὴν χεῖρα, ὅτι **οὔπω ἐληλύθει** ἡ ὥρα αὐτοῦ.

그들이 예수를 잡고자 하나 손을 대는 자가 없으니 이는 그의 때가 아직 **이르지 아니하였음이러라**

오프라인 자료는 부가적인 정보가 내적인 관점 (미완료상)을 제공하는 것처럼 사실상 본래적으로 원격-미완료적이다. 그러나 이것은 독자의 눈 앞에서 즉각 있는 것으로 제시되지는 않는다. 그것은 원격적인 중심적인 흐름을 보충한다. 그래서 사실상 원격적이다. 그와 같이, 과거완료 직설법은 오프라인 자료에 잘 들어맞는다. 왜냐하면 그것은 원격-미완료 과거 시제형태이기 때문이다. 그러나 과거완료 시제 형태의 오프라인 기능은 화용론적 자질이며 그래서 취소될 수도 있다는 것을 기억해야 한다.

동사류 상호작용 (현재완료 시제 형태)

언어와 본문의 모든 자질들이 동사에 영향을 줄 때 동작류는 본문 안에서 그 동사가 작용하는 방법을 가리킨다. 특정 동사의 동작류를 결정하는 세 가지 주요한 요소가 있다. 그것은 의미론, 어휘소, 문맥이다. 그러므로 동사가 본문 안에서 무엇을 하는지를 확증하기 위해서 세 가지 단계가 요구된다.

1. 동사의 의미론적 값을 확인하라
2. 어휘소와 의미론과의 상호작용을 고려하라
3. 문맥을 고려하라

1. 의미론		**2. 어휘소**		**3. 문맥**		**동작류**
상? 공간적 값?	+	순간? 상태? 타동사? 등	+	시간 지시? 지속? 논리? 등	=	과거 진행? 반복? 시도?

현재완료의 번역에서 "었(영어에서는 have)"이라는 단어는 완료(perfect)에 대한 전통적인 이해에서 왔다. 그 동사는 현재에도 영향을 미치고 있는 과거 동작을 전달하는 것으로 이해되었다. 우리가 번역할 때 완료에 대한 번역은 이따금씩 "었"이 필요하긴 하지만, 무조건 붙여야만 하는 것은 아니다. 우리가 번역할 때, "었"이 필요한 것인지는 문맥이 결정할 것이다. 현재완료는 현재 (예를 들면, 상태 완료)나 과거 (예를 들면, 역사적 완료)를 일반적으로 나타낼 것이다. 그리고 이와 같이 그 "었"에 대한 번역도 특정한 환경 하에서 요구하게 될

현재완료 시제 형태가 화용론적으로 기능하는 몇 가지 방법이 있다. 현재완료의 용례 중에서 가장 일반적이고 중요한 동작류를 기술하는 것과 동작류의 값이 어떻게 만들어지는지에 대한 설명에 해당하는 예는 아래와 같다.

상태

현재완료 동사 형태는 종종 어떤 상태를 묘사하게 된다. 이것은 미완료상의 자연적인 함축이다. 미완료상은 문맥에 의해서 뒤집어지지 않는 한, 상태 동작류를 만들기 위하여 상태 어휘소와 결합한다. 상태 어휘소는 과정을 나타내는 동작이나 이행을 나타내는 동작 보다는 존재의 상태를 기술하는 단어를 말한다. 때때로 어휘소 자체는 상태가 아니라 하더라도 문맥이 상태를 만들 수도 있다. 상태 현재완료는 일반적으로 시간 지시에서는 현재이다.

1. 의미론		**2. 어휘소**		**3. 문맥**		**동작류**
미완료상 강화된 근접성	+	상태	+	상태성을 허용 (이따금씩 그것을 만들기도 함)	=	상태

막 1:15

καὶ λέγων ὅτι **πεπλήρωται** ὁ καιρὸς καὶ **ἤγγικεν** ἡ βασιλεία τοῦ θεοῦ· μετανοεῖτε καὶ πιστεύετε ἐν τῷ εὐαγγελίῳ.

이르시되 때가 **찼고** 하나님의 나라가 **가까이 왔으니** 회개하고 복음을 믿으라 하시더라

요 7:28

ἔκραξεν οὖν ἐν τῷ ἱερῷ διδάσκων ὁ Ἰησοῦς καὶ λέγων· καμὲ **οἴδατε** καὶ **οἴδατε** πόθεν εἰμί· καὶ ἀπ᾽ ἐμαυτοῦ οὐκ ἐλήλυθα, ἀλλ᾽ ἔστιν ἀληθινὸς ὁ πέμψας με, ὃν ὑμεῖς **οὐκ οἴδατε**·

예수께서 성전에서 가르치시며 외쳐 이르시되 너희가 나를 **알고** 내가 어디서 온 것도 **알거니와** 내가 스스로 온 것이 아니니라 나를 보내신 이는 참되시니 너희는 그를 **알지 못하나**

요 11:27

λέγει αὐτῷ· ναὶ κύριε, ἐγὼ **πεπίστευκα** ὅτι σὺ εἶ ὁ χριστὸς ὁ υἱὸς τοῦ θεοῦ ὁ εἰς τὸν κόσμον ἐρχόμενος.

이르되 주여 그러하외다 주는 그리스도시요 세상에 오시는 하나님의 아들이신 줄 내가 **믿나이다**

역사적 현재완료

현재완료 시제 형태는 종종 비-현재 문맥(non-present context)에서, 가장 많이 사용되는 것은 과거를 나타내는 것으로 사용된다. 역사적 현재완료는 그 의미에 있어서는 부정과거와 같지는 않지만, 부정과거와 비슷하게 번역하는 것이 가장 낫다. 역사적 현재완료에는 두 가지 기본적인 유형들이 있다. 그것은 담화를 도입하는 것과 추진 어휘소를 사용하는 것이다. 이와 같이, 역사적 현재완료는 역사적 현재와 거의 정확하게 비슷하다. 역사적 현재와 동일한 기능들이 동일한 어휘소 그룹과 함께 관찰된다.

먼저, 담화를 도입하는 역사적 현재완료는 현재 완료 시제 형태를 활용한다. 왜냐하면 그것은 근접-미완료 문맥(담화) 안으로 인도하고 있기 때문이다. 그런 경우에는 담화의 근접-미완료적인 성격이 그것을 도입하는 동사에까지 퍼진다.

둘째, 추진 어휘소는 한 지점에서 다른 지점으로 이동하는 전이를 의미하는 동사들이다. 이러한 동사들에는 오다, 가다, 들어올리다, 취하다, 주다, 등이 있다. 현재완료 시제 형태의 근접-미완료적 성격은 그것이 함의하고 있는 전이를 강화하기 위하여 이러한 어휘소들과 결합한다. 번역할 때 이것을 전달할 수 있는 분명한 방법이 있는 것은 아니다.

한 가지 경고를 하자면, 추진 동사가 반드시 역사적 현재완료를 만드는 것은 아니다. 역사적 현재에서와 같이 과거보다는 오히려 현재를 나타내는 어휘소가 또한 사용되기도 한다. 오히려, 요점은 이러한 어휘소들이 과거 문맥에서 발견될 때 과거를 나타내기도 한다는 것이다.

1. 의미론		**2. 어휘소**		**3. 문맥**		**동작류**
미완료상 강화된 근접성	+	추진 동사들, 담화 도입	+	과거 지시	=	역사적 현재완료

막 9:13

ἀλλὰ λέγω ὑμῖν ὅτι καὶ Ἠλίας **ἐλήλυθεν**, καὶ ἐποίησαν αὐτῷ ὅσα ἤθελον, καθὼς γέγραπται ἐπ᾽ αὐτόν.

그러나 내가 너희에게 이르노니 엘리야가 **왔으되** 기록된 바와 같이 사람들이 함부로 대우하였느니라 하시니라

눅 4:18

πνεῦμα κυρίου ἐπ᾽ ἐμὲ οὗ εἵνεκεν ἔχρισέν με εὐαγγελίσασθαι πτωχοῖς, **ἀπέσταλκέν** με, κηρύξαι αἰχμαλώτοις ἄφεσιν καὶ τυφλοῖς ἀνάβλεψιν, ἀποστεῖλαι τεθραυσμένους ἐν ἀφέσει,

주의 성령이 내게 임하셨으니 이는 가난한 자에게 복음을 전하게 하시려고 내게 기름을 부으시고 나를 **보내사** 포로 된 자에게 자유를, 눈먼 자에게 다시 보게 함을 전파하며 눌린 자를 자유롭게 하고

요 1:15

Ἰωάννης μαρτυρεῖ περὶ αὐτοῦ καὶ **κέκραγεν** λέγων· οὗτος ἦν ὃν εἶπον· ὁ ὀπίσω μου ἐρχόμενος ἔμπροσθέν μου γέγονεν, ὅτι πρῶτός μου ἦν.

요한이 그에 대하여 증언하여 **외쳐** 이르되 내가 전에 말하기를 내 뒤에 오시는 이가 나보다 앞선 것은 나보다 먼저 계심이라 한 것이 이 사람을 가리킴이라 하니라

진행 (Progressive)

현재완료 시제 형태는 때때로 과정이나 **진행 중인(in progress)** 동작을 묘사하게 된다. 현재완료 시제 형태의 이러한 용례는 미완료상의 자연스러운 표현이지만, 광범위하게 인정되고 있지는 않다. 진행의 의미를 만들기 위해서 미완료상은 순간(punctiliar)이나 상태(stative)가 아닌 어휘소와 결합한다. 이 진행의 의미가 문맥에 의해서 없어지지 않는 한, 동작류는 진행상일 것이다.

주의를 요하는 단어: 문맥으로 볼 때, 현재완료가 진행이나 역사적인 것 둘 다 허용할 때, 둘 중 어떤 것인지를 결정하는 것이 가끔 어려울 때가 있다. 그 결과가 둘 중 하나로 아주 다르게 나올 수 있기 때문에 여기서 주의할 필요가 있다.

1. 의미론		**2. 어휘소**		**3. 문맥**		**동작류**
미완료상 강화된 근접성	+	비-순간 비-상태	+	진행을 허용	=	진행

막 7:37

καὶ ὑπερπερισσῶς ἐξεπλήσσοντο λέγοντες· καλῶς πάντα **πεποίηκεν**, καὶ τοὺς κωφοὺς ποιεῖ ἀκούειν καὶ [τοὺς] ἀλάλους λαλεῖν.

사람들이 심히 놀라 이르되 그가 모든 것을 **잘하였도다** 못 듣는 사람도 듣게 하고 말 못하는 사람도 말하게 한다 하니라

요 17:6

Ἐφανέρωσά σου τὸ ὄνομα τοῖς ἀνθρώποις οὓς ἔδωκάς μοι ἐκ τοῦ κόσμου. σοὶ ἦσαν καμοὶ αὐτοὺς ἔδωκας καὶ τὸν λόγον σου **τετήρηκαν**.

세상 중에서 내게 주신 사람들에게 내가 아버지의 이름을 나타내었나이다 그들은 아버지의 것이었는데 내게 주셨으며 그들은 아버지의 말씀을 **지키었나이다**

행 21:28

κράζοντες· ἄνδρες Ἰσραηλῖται, βοηθεῖτε· οὗτός ἐστιν ὁ ἄνθρωπος ὁ κατὰ τοῦ λαοῦ καὶ τοῦ νόμου καὶ τοῦ τόπου τούτου πάντας πανταχῇ διδάσκων, ἔτι τε καὶ Ἕλληνας εἰσήγαγεν εἰς τὸ ἱερὸν καὶ **κεκοίνωκεν** τὸν ἅγιον τόπον τοῦτον.

외치되 이스라엘 사람들아 도우라 이 사람은 각처에서 우리 백성과 율법과 이 곳을 비방하여 모든 사람을 가르치는 그 자인데 또 헬라인을 데리고 성전에 들어가서 이 거룩한 곳을 **더럽혔다** 하니

행 25:11
εἰ μὲν οὖν ἀδικῶ καὶ ἄξιον θανάτου **πέπραχά** τι, οὐ παραιτοῦμαι τὸ ἀποθανεῖν· εἰ δὲ οὐδέν ἐστιν ὧν οὗτοι κατηγοροῦσίν μου, οὐδείς με δύναταί αὐτοῖς χαρίσασθαι· Καίσαρα ἐπικαλοῦμαι.

만일 내가 불의를 행하여 무슨 죽을 죄를 **지었으면** 죽기를 사양하지 아니할 것이나 만일 이 사람들이 나를 고발하는 것이 다 사실이 아니면 아무도 나를 그들에게 내줄 수 없나이다 내가 가이사께 상소하노라 한 대

고전 7:15
εἰ δὲ ὁ ἄπιστος χωρίζεται, χωριζέσθω· οὐ δεδούλωται ὁ ἀδελφὸς ἢ ἡ ἀδελφὴ ἐν τοῖς τοιούτοις· ἐν δὲ εἰρήνῃ **κέκληκεν** ὑμᾶς ὁ θεός.

혹 믿지 아니하는 자가 갈리거든 갈리게 하라 형제나 자매나 이런 일에 구애될 것이 없느니라 그러나 하나님은 화평 중에서 너희를 **부르셨느니라**

딤후 4:7
τὸν καλὸν ἀγῶνα **ἠγώνισμαι**, τὸν δρόμον τετέλεκα, τὴν πίστιν **τετήρηκα**·

나는 선한 싸움을 **싸우고** 나의 달려갈 길을 마치고 믿음을 **지켰으니**

강화된 근접성의 화용론

현재완료를 번역할 때 요구되는 추가적인 단계가 있다. 강화된 근접성(heightened proximity)의 공간적인 값은 현재완료 시제 형태를 분석

할 때 위에서 다루었던 동작류에 또 다른 한 가지 차원을 더 추가한다. 일단 특정한 현재완료의 동작류가 설정되면, 강화된 근접성의 화용론적 표현이 반드시 다루어져야 한다. 강화된 근접성의 의미론적 값은 두 가지 중요한 방법들 중의 한 가지 방법으로 화용론적으로 표현되기도 한다. 그 둘은 증강(intensification)이나 현저성(prominence)이다. 특정한 경우에 어떤 화용론적 표현이 가장 적합한가 하는 것은 항상 분명한 것은 아니다. 그러나 경험에 근거한 기본적인 규칙은 그 단어가 증강으로 해석하는 것이 가능하거나 가능할 것 같은지를 보는 것이다. 만약 아니라면, 증강보다는 현저성으로 표현하는 것이 낫다.

증강

강화된 근접성은 하나의 동작을 아주 가까이 근접해서 보는 관점을 만들기 때문에 어떤 동작들을 증강시키기도 한다. 이것은 타동사 어휘소(transitive lexeme)가 일반적인 용례를 넘어서서 보다 "더 분명해지는(sharpened)" 것을 의미한다.

현재완료가 어휘소를 증강시켜서 일반적인 의미를 넘어서도록 하는 방법들의 예들에는 다음과 같은 것들이 있다: ἥγημαι "분명히 확신하게 되다" (ἡγοῦμαι, "믿다, 생각하다"), τεθαύμακα "놀라다" (θαυμάζω "궁금해하다, 경탄하다"), πεφόβημαι, "몹시 무섭게 되다" (φοβοῦμαι, "두려워하다"), σεσιώπηκα, "완벽한 침묵을 유지하다" (σιωπῶ, "침묵하다").[2)]

현저성

증강이 어휘소에 쉽게 적용되지 않거나 그 문맥에 적당하지 않을 것 같을 때, 강화된 근접성의 화용론적 표현은 현저성이다. 현저성이라는 개념은 하나의 요소가 그 주변 환경 가운데서 다른 것들보다도 두드러지

2) Albert Rijksbaron, *The Syntax and Semantics of the Verb in Classical Greek: An Introduction* (Amsterdam: Gieben, 1984), 36을 보라.

는 정도를 나타내는 것으로 여기서는 받아들여진다. 그래서 현저성은 "강조점(stress)"과 거의 동의어라 할 수 있다. 비록 어떤 경우에는 이탤릭체를 사용하는 것이 이러한 목적을 위해 적절한 기술로 간주되어야 하지만, 영어로 번역할 때 그러한 현저성은 자주 쉽게 표현되지 않는다.

비-직설법 용례 (현재완료 시제 형태): 분사

현재완료 분사는 의미론적으로 미완료상을 부호화한다. 현재완료 분사의 상은 주 동사와 동시간적인 동작을 거의 항상 표현한다는 점에서 현재완료 분사의 주요한 화용론적 기능으로 이어진다. 그러므로 현재완료 분사의 용례는 현재 분사의 용례와 유사하다.

일반적으로는 근접성과 원격성의 공간적인 값이 비-직설법 동사들 안에서 부호화되지 않는 반면에, 현재완료 분사는 근접성의 공간적인 값을 부호화한다. 그리고 이것이 현재 분사와 구별되는 점이다. 번역할 때 이러한 차이점을 반영하는 것은 일반적으로 가능하지는 않다.

눅 9:27

λέγω δὲ ὑμῖν ἀληθῶς, εἰσίν τινες τῶν αὐτοῦ **ἑστηκότων** οἳ οὐ μὴ γεύσωνται θανάτου ἕως ἂν ἴδωσιν τὴν βασιλείαν τοῦ θεοῦ.

내가 참으로 너희에게 이르노니 여기 **서 있는** 사람 중에 죽기 전에 하나님의 나라를 볼 자들도 있느니라

요 1:51

καὶ λέγει αὐτῷ· ἀμὴν ἀμὴν λέγω ὑμῖν, ὄψεσθε τὸν οὐρανὸν **ἀνεῳγότα** καὶ τοὺς ἀγγέλους τοῦ θεοῦ ἀναβαίνοντας καὶ καταβαίνοντας ἐπὶ τὸν υἱὸν τοῦ ἀνθρώπου.

또 이르시되 진실로 진실로 너희에게 이르노니 하늘이 **열리고** 하나님의 사자들이 인자 위에 오르락 내리락 하는 것을 보리라 하시니라

롬 5:3-4

οὐ μόνον δέ, ἀλλὰ καὶ καυχώμεθα ἐν ταῖς θλίψεσιν,
εἰδότες ὅτι ἡ θλῖψις ὑπομονὴν κατεργάζεται,

다만 이뿐 아니라 우리가 환난 중에도 즐거워하나니 이는 환난은 인내를, ... **앎이로다**

동작류 상호작용 (과거완료 시제 형태)

과거완료 시제 형태가 화용론적으로 기능하는 단지 몇 가지 방법이 있다. 과거완료 용례들 중에서 가장 일반적이고 중요한 동작류에 대한 기술과 동작류의 값이 어떤 과정을 거쳐 나오게 되는지에 대한 설명이 아래 예문에서 제시하고자 한다. 과거완료의 용례는 미완료과거 시제 형태의 용례와 유사하다는 것을 보게 될 것이다. 둘 다 미완료상과 원격성을 함께 가지고 있는 것을 예상할 수 있다.

과거완료의 번역에서 "었었(영어에서는 had)"이라는 단어는 과거완료(pluperfect)에 대한 전통적인 이해에서 왔다. 그 동사는 주 동사의 과거 동작보다 앞서는 동작 그리고 그 과거 동작이 있었던 때에 그 결과가 남아있는 것을 나타내는 것으로 이해되었다. 우리가 번역할 때 과거완료에 대한 번역은 이따금씩 "었었"이 필요하긴 하지만, 무조건 붙여야만 하는 것은 아니다. 우리가 번역할 때, "었었(had)"이 필요한 것인지는 문맥이 결정할 것이다. 과거완료는 미완료과거(imperfect)와 유사한 과거를 나타내거나 미완료과거 "뒤에(behind)" 있는 대과거(past-past)를 일반적으로 나타낼 것이다. 그리고 번역할 때 "었었(had)"으로 번역될 필요가 있다.

상태

과거완료 시제 형태는 종종 상태를 묘사하게 된다. 이것은 또한 미완료상의 자연적인 함축이다. 상태 동작류를 만들기 위해서 문맥에 의해서 없어지지 않는 한 미완료상은 상태 어휘소와 결합한다. 상태 어휘소는 과정이나 전이 중인 동작보다는 존재의 상태를 묘사하는 단어이다. 때때로 그 어휘소 자체가 상태가 아니라 하더라도, 문맥이 상태 동작류를 만들 수도 있다.

1. 의미론		**2. 어휘소**		**3. 문맥**		**동작류**
미완료상 강화된 원격성	+	상태	+	상태성을 허용 (상태성을 만들 수 있음)	=	상태

눅 23:10

εἱστήκεισαν δὲ οἱ ἀρχιερεῖς καὶ οἱ γραμματεῖς εὐτόνως κατηγοροῦντες αὐτοῦ.

대제사장들과 서기관들이 **서서** 힘써 고발하더라

요 2:9

ὡς δὲ ἐγεύσατο ὁ ἀρχιτρίκλινος τὸ ὕδωρ οἶνον γεγενημένον καὶ **οὐκ ᾔδει** πόθεν ἐστίν, οἱ δὲ διάκονοι **ᾔδεισαν** οἱ ἠντληκότες τὸ ὕδωρ, φωνεῖ τὸν νυμφίον ὁ ἀρχιτρίκλινος

연회장은 물로 된 포도주를 맛보고도 어디서 났는지 **알지 못하되** 물 떠온 하인들은 **알더라** 연회장이 신랑을 불러

눅 4:29

καὶ ἀναστάντες ἐξέβαλον αὐτὸν ἔξω τῆς πόλεως καὶ ἤγαγον αὐτὸν ἕως ὀφρύος τοῦ ὄρους ἐφ᾽ οὗ ἡ πόλις

ᾠκοδόμητο αὐτῶν ὥστε κατακρημνίσαι αὐτόν·

일어나 동네 밖으로 쫓아내어 그 동네가 **건설된** 산 낭떠러지까지 끌고 가서 밀쳐 떨어뜨리고자 하되

대과거 (Past-Past ["었었"])

과거완료는 종종 과거 안의 과거 동작을 묘사한다. 그것은 이미 지나간 시간의 문맥 뒤에 있는 시간 틀을 지시한다. 이것은 과거완료의 고유한 기능이다. 이것은 강화된 원격성 때문에 적절하다. 대과거(past-past) 시간 지시는 두 배로 멀리 떨어져 있다. 과거완료의 이러한 사용은 어떤 유형의 어휘소를 포함할 수 있고 상황적 요소들로부터 나온다. "었었"이라는 단어는 대과거 과거완료를 번역할 때 적절하다.

1. 의미론		2. 어휘소		3. 문맥		동작류
미완료상 강화된 원격성	+	어떤 것이든	+	대-과거 (Past-past)	=	대-과거 (Past-past)

막 15:7

ἦν δὲ ὁ λεγόμενος Βαραββᾶς μετὰ τῶν στασιαστῶν δεδεμένος οἵτινες ἐν τῇ στάσει φόνον **πεποιήκεισαν**.

민란을 꾸미고 그 민란 중에 **살인하고** 체포된 자 중에 바라바라 하는 자가 있는지라

눅 22:13

ἀπελθόντες δὲ εὗρον καθὼς **εἰρήκει** αὐτοῖς καὶ ἡτοίμασαν τὸ πάσχα.

그들이 나가 그 **하신 말씀대로** 만나 유월절을 준비하니라

요 7:30

Ἐζήτουν οὖν αὐτὸν πιάσαι, καὶ οὐδεὶς ἐπέβαλεν ἐπ' αὐτὸν τὴν χεῖρα, ὅτι **οὔπω ἐληλύθει** ἡ ὥρα αὐτοῦ.

그들이 예수를 잡고자 하나 손을 대는 자가 없으니 이는 그의 때가 **아직 이르지 아니하였음이러라**

현재완료 시제 형태와 과거완료 시제 형태를 위한 연습문제

각각의 구절들에서 (1) 그 동사의 의미론적 의미에 대하여 쓰라. (2) 그 어휘소가 기여한 점에 대하여 진술하라. (3) 문맥 속에서 그 동사의 기능에 대하여 검토하라. 먼저 당신이 답을 다 쓴 후에 아래에 있는 각각의 구절들에 있는 빈 칸 속에 당신이 발견한 것들을 요약하라.

예문

요 7:27

ἀλλὰ τοῦτον **οἴδαμεν** πόθεν ἐστίν· ὁ δὲ χριστὸς ὅταν ἔρχηται οὐδεὶς γινώσκει πόθεν ἐστίν.

그러나 우리는 이 사람이 어디서 왔는지 **아노라** 그리스도께서 오실 때에는 어디서 오시는지 아는 자가 없으리라 하는지라

1. 동사의 의미론적 의미. 현재 완료 직설법은 의미론적으로 미완료상과 강화된 근접성의 공간적인 값을 부호화한다.
2. 어휘소의 기여. 그 어휘소는 상태적이다.
3. 문맥에서의 기능. 그 문맥은 상태성을 허용한다.

1. 의미론		2. 어휘소		3. 문맥		동작류
미완료상 강화된 원격성	+	상태	+	상태성을 허용	=	상태

롬 1:17

δικαιοσύνη γὰρ θεοῦ ἐν αὐτῷ ἀποκαλύπτεται ἐκ πίστεως εἰς πίστιν, καθὼς **γέγραπται**· ὁ δὲ δίκαιος ἐκ πίστεως ζήσεται.

복음에는 하나님의 의가 나타나서 믿음으로 믿음에 이르게 하나니 **기록된 바** 오직 의인은 믿음으로 말미암아 살리라 함과 같으니라

1. 의미론		2. 어휘소		3. 문맥		동작류
	+		+		=	

요 7:30

Ἐζήτουν οὖν αὐτὸν πιάσαι, καὶ οὐδεὶς ἐπέβαλεν ἐπ᾽ αὐτὸν τὴν χεῖρα, ὅτι **οὔπω ἐληλύθει** ἡ ὥρα αὐτοῦ.

그들이 예수를 잡고자 하나 손을 대는 자가 없으니 이는 그의 때가 **아직 이르지 아니하였음이러라**

1. 의미론		2. 어휘소		3. 문맥		동작류
	+		+		=	

요 16:11

περὶ δὲ κρίσεως, ὅτι ὁ ἄρχων τοῦ κόσμου τούτου **κέκριται**.

심판에 대하여라 함은 이 세상 임금이 심판을 **받았음이라**

1. 의미론		2. 어휘소		3. 문맥		동작류
	+		+		=	

요 1:15

Ἰωάννης μαρτυρεῖ περὶ αὐτοῦ καὶ **κέκραγεν** λέγων· οὗτος ἦν ὃν εἶπον· ὁ ὀπίσω μου ἐρχόμενος ἔμπροσθέν μου γέγονεν, ὅτι πρῶτός μου ἦν.

요한이 그에 대하여 증언하여 **외쳐 이르되** 내가 전에 말하기를 내 뒤에 오시는 이가 나보다 앞선 것은 나보다 먼저 계심이라 한 것이 이 사람을 가리킴이라 하니라

1. 의미론		2. 어휘소		3. 문맥		동작류
	+		+		=	

롬 8:38

πέπεισμαι γὰρ ὅτι οὔτε θάνατος οὔτε ζωὴ οὔτε ἄγγελοι οὔτε ἀρχαὶ οὔτε ἐνεστῶτα οὔτε μέλλοντα οὔτε δυνάμεις

내가 확신하노니 사망이나 생명이나 천사들이나 권세자들이나 현재 일이나 장래 일이나 능력이나

1. 의미론		2. 어휘소		3. 문맥		동작류
	+		+		=	

마 7:25

καὶ κατέβη ἡ βροχὴ καὶ ἦλθον οἱ ποταμοὶ καὶ ἔπνευσαν οἱ ἄνεμοι καὶ προσέπεσαν τῇ οἰκίᾳ ἐκείνῃ, καὶ οὐκ ἔπεσεν, **τεθεμελίωτο** γὰρ ἐπὶ τὴν πέτραν.

비가 내리고 창수가 나고 바람이 불어 그 집에 부딪치되 무너지지 아니하나니 이는 주추를 반석 위에 **놓은 까닭이요**

1. 의미론		2. 어휘소		3. 문맥		동작류
	+		+		=	

요 19:30

ὅτε οὖν ἔλαβεν τὸ ὄξος [ὁ] Ἰησοῦς εἶπεν· **τετέλεσται**, καὶ κλίνας τὴν κεφαλὴν παρέδωκεν τὸ πνεῦμα.

예수께서 신 포도주를 받으신 후에 이르시되 **다 이루었다** 하시고 머리를 숙이니 영혼이 떠나가시니라

1. 의미론	+	2. 어휘소	+	3. 문맥	=	동작류

요 20:11

Μαρία δὲ **εἱστήκει** πρὸς τῷ μνημείῳ ἔξω κλαίουσα. ὡς οὖν ἔκλαιεν, παρέκυψεν εἰς τὸ μνημεῖον

마리아는 무덤 밖에 **서서** 울고 있더니 울면서 구부려 무덤 안을 들여다보니

1. 의미론	+	2. 어휘소	+	3. 문맥	=	동작류

제10장
다른 분사 구문들

부사적 분사 구문들의 기본적인 작용에 대해서는 앞 장에서 논의했지만, 우언적(peripharastic) 분사 구문, 형용사적(adjectival) 분사 구문, 실명사적(substantival) 분사 구문 그리고 부대 상황(attendant circumstance)의 분사 구문은 따로 한 장을 할애하여 다루는 것이 낫다.

우언적 분사 구문

우언적 분사는 최종적인 의미를 제공하는 정 조동사(finite auxiliary verb)와 함께 구문을 형성하는 분사이다. 이러한 구문들은 대부분의 경우, 구문의 최종적인 의미가 특정한 정형(finite form)의 의미와 일치한다. 신약성경에서 우언법은 단지 현재 분사와 완료 분사와 관련이 있다. 아래의 테이블이 제시하고 있는 것처럼,[1] 그것은 주로 εἰμί동사의 현재, 미완료과거, 혹은 미래 정형 조동사와 결합하기도 한다.

1) 그 테이블은 다니엘 월리스, *Greek Grammar Beyond the Basics: An Exegetical Syntax of the New Testament* (Grands Rapids: Zondervan, 1996), 648에서 가져온 것이다.

우언적 분사의 형태들

정동사(εἰμί의)	+분사	동등한 정형시제(finite tense equivalent)
현재	+ 현재 분사	현재
미완료과거	+ 현재 분사	미완료과거
미래	+ 현재 분사	미래
현재	+ 현재 분사	현재완료
미완료과거	+ 현재 분사	과거완료

우언법에 해당하는 각각의 예들은 다음과 같다.

현재 우언법

요 1:41

εὑρίσκει οὗτος πρῶτον τὸν ἀδελφὸν τὸν ἴδιον Σίμωνα καὶ λέγει αὐτῷ· εὑρήκαμεν τὸν Μεσσίαν, ὅ **ἐστιν μεθερμηνευόμενον** χριστός.

그가 먼저 자기의 형제 시몬을 찾아 말하되 우리가 메시야를 만났다 하고 (메시야는 **번역하면** 그리스도**라**)

미완료과거 우언법

요 1:28

ταῦτα ἐν Βηθανίᾳ ἐγένετο πέραν τοῦ Ἰορδάνου, ὅπου ἦν ὁ Ἰωάννης **βαπτίζων**.

이 일은 요한이 **세례 베풀던** 곳 요단 강 건너편 베다니에서 일어난 일이니라

미래 우언법

눅 1:20

καὶ ἰδοὺ **ἔσῃ σιωπῶν** καὶ μὴ δυνάμενος λαλῆσαι ἄχρι ἧς ἡμέρας γένηται ταῦτα,

보라 이 일이 되는 날까지 **네가 말 못하는 자가 되어** 능히 말을 못하리니 이는 네가 내 말을 믿지 아니함이거니와 때가 이르면 내 말이 이루어지리라 하더라

현재완료 우언법

요 3:27

ἀπεκρίθη Ἰωάννης καὶ εἶπεν· οὐ δύναται ἄνθρωπος λαμβάνειν οὐδὲ ἓν ἐὰν μὴ **ᾖ δεδομένον** αὐτῷ ἐκ τοῦ οὐρανοῦ.

요한이 대답하여 이르되 만일 하늘에서 **주신 바** 아니면 사람이 아무것도 받을 수 없느니라

과거완료 우언법

마 9:36

ἰδὼν δὲ τοὺς ὄχλους ἐσπλαγχνίσθη περὶ αὐτῶν, ὅτι **ἦσαν ἐσκυλμένοι** καὶ **ἐρριμμένοι** ὡσεὶ πρόβατα μὴ ἔχοντα ποιμένα.

무리를 보시고 불쌍히 여기시니 이는 그들이 목자 없는 양과 같이 **고생하며 기진함이라**

동사 상과 관련하여 분사의 우언적 구문들은 정형 상당어(finite equivalent)들이 전달하는 것과 동일한 상적 그리고 공간적 의미론적 값을 전달한다. 한 가지 예외가 있는데 아래에서 나중에 언급할 것이다. 왜냐하면 우언법의 상이 조동사가 아니라 분사에 의해서 결정되기 때문이다. 하나의 우언적 구문 내에서 직설법 동사가 조동사로서 기능을 시작하면,

그 동사는 "상적으로 모호하게" 된다. 그러므로 그 동사의 상은 그 구문의 최종적인 결과에 기여하지 않는다.[2)]

그와 같이, 위에서 제시한 테이블을 통해 보았듯이, 모든 우언적 구문들은 상에서는 미완료(imperfective)이다. 왜냐하면 이러한 구문들을 형성하는 현재분사와 현재완료분사가 상에서는 미완료이기 때문이다. 위의 다섯 가지 경우들 중 네 가지에서 우언법의 미완료 상이 정형 상당어의 미완료 상과 일치한다. 예를 들어, 미완료과거 우언법은 미완료과거 조동사와 현재 분사로 구성되며 그것이 미완료 상을 나타내는 우언적 구문을 만들게 된다. 이것은 미완료과거 직설법 시제 형태와 같은 상적 값을 가진다.

한 가지 예외는 미래 우언법이다. 만약에 우언법의 상적인 값이 조동사가 아니라 분사에 의해서 결정된다면, 미래 우언법은 상에서는 반드시 미완료임에 틀림없다. 왜냐하면 우언법을 형성하도록 돕는 현재 분사가 미완료 상이다. 그러므로 이것은 상에서는 완료(perfective)인 미래 직설법 시제 형태의 상적인 값과 같지 않다. 그러한 이슈는 분명하게 해결하기는 어려운 반면에, 미래 우언법이 미래 직설법을 단순하게 복제하지는 않을 것 같다. 오히려, 미래 우언법은 미래에 대한 미완료적 선택권을 제공한다. 그 결과, 미래에 대한 상적인 선택권이 있다-미완료적인 선택권은 미래 우언법에 의해서 제공되는 반면에, 완료적인 선택권은 미래 직설법에 의해서 제공된다.

이러한 요인들이 고려될 때, 우리는 우언적 구문들에 대응하는 정형(finite counterpart)들을 다루는 것을 배웠던 것과 같은 방식으로 우언적 구문들을 다룰 수 있을 것이다. 상, 어휘소, 그리고 동작류 사이의 다양한 관계들에 적용되듯이, 주해의 동일한 원칙들도 적용된다.

---

2) 캠벨, *Non-Indicative Verbs*, 33-34를 보라.

형용사적 분사

형용사적 분사는 형용사처럼 기능하는 분사이다. 비록 분사가 동사적 뉘앙스를 가지고 있다 하더라도 일반적으로 형용사가 명사를 수식하는 것처럼 형용사적 분사는 명사를 수식한다. 거의 모든 형용사적 분사는 현재이거나 현재완료이다. 이것은 단순한 이유 한 가지 때문이다. 즉, 묘사를 제공하는 것은 미완료 상의 자연스러운 기능이다.

눅 7:32

ὅμοιοί εἰσιν παιδίοις τοῖς ἐν ἀγορᾷ **καθημένοις** καὶ **προσφωνοῦσιν** ἀλλήλοις.

비유하건대 아이들이 장터에 **앉아** 서로 **불러** 이르되

요 4:11

λέγει αὐτῷ [ἡ γυνή]· κύριε, οὔτε ἄντλημα ἔχεις καὶ τὸ φρέαρ ἐστὶν βαθύ· πόθεν οὖν ἔχεις τὸ ὕδωρ **τὸ ζῶν**;

여자가 이르되 주여 물 길을 그릇도 없고 이 우물은 깊은데 어디서 당신이 **그 생수**를 얻겠사옵나이까

롬 12:1

Παρακαλῶ οὖν ὑμᾶς, ἀδελφοί, διὰ τῶν οἰκτιρμῶν τοῦ θεοῦ παραστῆσαι τὰ σώματα ὑμῶν θυσίαν **ζῶσαν** ἁγίαν εὐάρεστον τῷ θεῷ, τὴν λογικὴν λατρείαν ὑμῶν·

그러므로 형제들아 내가 하나님의 모든 자비하심으로 너희를 권하노니 너희 몸을 하나님이 기뻐하시는 거룩한 **산** 제물로 드리라 이는 너희가 드릴 영적 예배니라

그러나 가끔씩 형용사적 분사가 부정과거일 때도 있다. 그런 경우에, 그 부정과거는 그 분사가 수식하는 명사와 관련있는 어떤 종류의 앞선 것을 기술하기 위하여 사용된다. 이것은 완료 상의 표준적인 기능이다.

롬 12:3

Λέγω γὰρ διὰ τῆς χάριτος **τῆς δοθείσης** μοι παντὶ τῷ ὄντι ἐν ὑμῖν μὴ ὑπερφρονεῖν παρ' ὃ δεῖ φρονεῖν ἀλλὰ φρονεῖν εἰς τὸ σωφρονεῖν, ἑκάστῳ ὡς ὁ θεὸς ἐμέρισεν μέτρον πίστεως.

내게 **주신** 은혜로 말미암아 너희 각 사람에게 말하노니 마땅히 생각할 그 이상의 생각을 품지 말고 오직 하나님께서 각 사람에게 나누어 주신 믿음의 분량대로 지혜롭게 생각하라

실명사적 분사

실명사적 분사는 실명사, 즉 명사로서 기능하는 것을 말한다. 이러한 분사의 용례에 대한 많은 예들이 있다.

눅 1:50

καὶ τὸ ἔλεος αὐτοῦ εἰς γενεὰς καὶ γενεὰς **τοῖς φοβουμένοις** αὐτόν.

긍휼하심이 **두려워하는 자에게** 대대로 이르는도다

요 5:11

ὁ δὲ ἀπεκρίθη αὐτοῖς· **ὁ ποιήσας** με ὑγιῆ ἐκεῖνός μοι εἶπεν· ἆρον τὸν κράβαττόν σου καὶ περιπάτει.

대답하되 나를 낫게 **한 그가** 자리를 들고 걸어가라 하더라 하니

요 6:39

τοῦτο δέ ἐστιν τὸ θέλημα **τοῦ πέμψαντός** με,

나를 **보내신 이의** 뜻은 내게 주신 자 중에 내가 하나도 잃어버리지 아니하고 마지막 날에 다시 살리는 이것이니라

몇몇 학자들은 분사의 용례 내에서 상의 중요성을 축소시키려고 한다. 비록 심지어 분사가 명사로서의 기능을 함에도 불구하고, 상으로서의 의미가 있음을 보여주는 좋은 예증들이 있다.

현재 실명사적 분사

미완료 상은 현재 분사의 의미론적 자질이다. 그리고 이러한 자질은 현재 분사를 실명사로 사용할 때도 그 역할이 계속된다. 비록 명사로서 기능하지만, 그 명사가 실명사화된 분사(substantivalized participle)를 통하여 전달될 때 그 명사에 종종 동사적 뉘앙스가 있다. 부사적 분사가 종종 그러한 것처럼, 현재 시제가 사용될 때 그 동사적 뉘앙스는 일반적으로 시간 틀(time frame) 속에서는 같은 시간을 가리킨다. 부사적 분사가 종종 그러한 것과 같다. 이것은 미완료 상의 화용론적 부수적인 기능(pragmatic outworking)이다.

눅 7:14

καὶ προσελθὼν ἥψατο τῆς σοροῦ, οἱ δὲ **βαστάζοντες** ἔστησαν, καὶ εἶπεν· νεανίσκε, σοὶ λέγω, ἐγέρθητι.

가까이 가서 그 관에 손을 대시니 **멘 자들이** 서는지라 예수께서 이르시되 청년아 내가 네게 말하노니 일어나라 하시매

요 3:36

ὁ πιστεύων εἰς τὸν υἱὸν ἔχει ζωὴν αἰώνιον· ὁ δὲ

ἀπειθῶν τῷ υἱῷ οὐκ ὄψεται ζωήν, ἀλλ᾽ ἡ ὀργὴ τοῦ θεοῦ μένει ἐπ᾽ αὐτόν.

아들을 **믿는 자에게는** 영생이 있고 아들에게 순종하지 아니하는 자는 영생을 보지 못하고 도리어 하나님의 진노가 그 위에 머물러 있느니라

롬 1:32

οἵτινες τὸ δικαίωμα τοῦ θεοῦ ἐπιγνόντες ὅτι οἱ τὰ τοιαῦτα **πράσσοντες** ἄξιοι θανάτου εἰσίν, οὐ μόνον αὐτὰ ποιοῦσιν ἀλλὰ καὶ συνευδοκοῦσιν **τοῖς πράσσουσιν**.

그들이 이같은 일을 **행하는 자는** 사형에 해당한다고 하나님께서 정하심을 알고도 자기들만 행할 뿐 아니라 또한 그런 일을 **행하는 자들을** 옳다 하느니라

현재 실명사적 분사(present substantival participle)에서 미완료 상의 또 하나의 부수적인 기능은 어떤 종류의 묘사나 상태를 제공하는 것이다.

눅 16:26

καὶ ἐν πᾶσι τούτοις μεταξὺ ἡμῶν καὶ ὑμῶν χάσμα μέγα ἐστήρικται, ὅπως **οἱ θέλοντες διαβῆναι** ἔνθεν πρὸς ὑμᾶς μὴ δύνωνται, μηδὲ ἐκεῖθεν πρὸς ἡμᾶς διαπερῶσιν.

그뿐 아니라 너희와 우리 사이에 큰 구렁텅이가 놓여 있어 여기서 너희에게 **건너가고자 하되** 갈 수 없고 거기서 우리에게 건너올 수도 없게 하였느니라

눅 22:36

εἶπεν δὲ αὐτοῖς· ἀλλὰ νῦν **ὁ ἔχων** βαλλάντιον ἀράτω,

ὁμοίως καὶ πήραν, καὶ **ὁ μὴ ἔχων** πωλησάτω τὸ ἱμάτιον αὐτοῦ καὶ ἀγορασάτω μάχαιραν.

이르시되 이제는 전대 **있는 자는** 가질 것이요 배낭도 그리하고 **검 없는 자는** 겉옷을 팔아 살지어다

미완료 상의 세 번째 화용론적 부수적인 기능은 총칭적(generic) 진술이나 격언적(proverbial) 진술 내에 있는 현재 실명사 분사이다.

눅 6:30

παντὶ αἰτοῦντί σε δίδου, καὶ ἀπὸ **τοῦ αἴροντος** τὰ σὰ μὴ ἀπαίτει.

네게 구하는 자에게 주며 네 것을 **가져가는 자에게** 다시 달라 하지 말며

눅 11:23

Ὁ μὴ ὢν μετ᾽ ἐμοῦ κατ᾽ ἐμοῦ ἐστιν, καὶ **ὁ μὴ συνάγων** μετ᾽ ἐμοῦ σκορπίζει.

나와 함께 **하지 아니하는 자는** 나를 반대하는 자요 나와 함께 **모으지 아니하는 자는** 헤치는 자니라

요 12:45

καὶ **ὁ θεωρῶν** ἐμὲ θεωρεῖ τὸν πέμψαντά με.

나를 **보는 자는** 나를 보내신 이를 보는 것이니라

부정과거 실명사적 분사

완료 상은 부정과거 분사의 의미론적 자질이다. 그리고 이러한 자질

은 과거 분사를 실명사로 사용할 때도 그 역할이 계속된다. 비록 명사로서 기능하지만, 그 명사가 실명사화된 분사(substantivalized participle)를 통하여 전달될 때 그 명사에 종종 동사적 뉘앙스가 있다. 부사적 분사가 종종 그러한 것처럼, 부정과거 시제가 사용될 때 그 동사적 뉘앙스는 일반적으로 시간 틀(time frame) 속에서는 앞선 시간을 가리킨다. 이것은 완료 상의 화용론적 부수적인 기능이다.

눅 7:10

Καὶ ὑποστρέψαντες εἰς τὸν οἶκον **οἱ πεμφθέντες** εὗρον τὸν δοῦλον ὑγιαίνοντα.

보내었던 사람들이 집으로 돌아가 보매 종이 이미 나아 있었더라

요 5:30

Οὐ δύναμαι ἐγὼ ποιεῖν ἀπ᾽ ἐμαυτοῦ οὐδέν· καθὼς ἀκούω κρίνω, καὶ ἡ κρίσις ἡ ἐμὴ δικαία ἐστίν, ὅτι οὐ ζητῶ τὸ θέλημα τὸ ἐμὸν ἀλλὰ τὸ θέλημα **τοῦ πέμψαντός** με.

내가 아무 것도 스스로 할 수 없노라 듣는 대로 심판하노니 나는 나의 뜻대로 하려 하지 않고 **나를 보내신 이의** 뜻대로 하려 하므로 내 심판은 의로우니라

롬 6:7

ὁ γὰρ **ἀποθανὼν** δεδικαίωται ἀπὸ τῆς ἁμαρτίας.

이는 **죽은 자가** 죄에서 벗어나 의롭다 하심을 얻었음이라

현재완료 실명사적 분사

미완료 상은 현재완료 분사의 의미론적 자질이다. 그리고 이러한 자

질은 현재완료 분사를 실명사로 사용할 때도 그 역할이 계속된다. 비록 명사로서 기능하지만, 그 명사가 실명사화된 분사(substantivalized participle)를 통하여 전달될 때 그 명사에 종종 동사적 뉘앙스가 있다. 부사적 분사가 종종 그러한 것처럼, 현재완료 시제가 사용될 때 그 동사적 뉘앙스는 일반적으로 시간 틀(time frame) 속에서는 같은 시간을 가리킨다. 이것은 미완료 상의 화용론적 부수적인 기능이다. 그리고 그것은 현재 시제의 실명사적 분사의 주요한 용례를 반영하고 있으며, 충분히 예상되는 것이다. 왜냐하면 그 두 가지 형태들은 같은 상을 공유하기 때문이다.

마 5:10

μακάριοι **οἱ δεδιωγμένοι** ἕνεκεν δικαιοσύνης, ὅτι αὐτῶν ἐστιν ἡ βασιλεία τῶν οὐρανῶν.

의를 위하여 **박해를 받은 자는** 복이 있나니 천국이 그들의 것임이라

눅 6:25

οὐαὶ ὑμῖν, **οἱ ἐμπεπλησμένοι** νῦν, ὅτι πεινάσετε. οὐαί, οἱ γελῶντες νῦν, ὅτι πενθήσετε καὶ κλαύσετε.

화 있을진저 너희 지금 **배부른 자여** 너희는 주리리로다 화 있을진저 너희 지금 웃는 자여 너희가 애통하며 울리로다

눅 19:24

καὶ **τοῖς παρεστῶσιν** εἶπεν· ἄρατε ἀπ᾽ αὐτοῦ τὴν μνᾶν καὶ δότε τῷ τὰς δέκα μνᾶς ἔχοντι.

곁에 섰는 자들에게 이르되 그 한 므나를 빼앗아 열 므나 있는 자에게 주라 하니

그러나 때때로 현재완료 실명사적 분사는 과거 시간 지시의 뉘앙스를 나타내기도 할 것이다. 이것은 일반적으로 추진(propulsion) 어휘소나 담화 도입(introducer of discourse) 어휘소와 함께 나타난다. 바꿔 말하자면, 역사적 현재완료 (그리고 그 문제와 관련해서는 역사적 현재)를 형성하는 동일한 어휘소들은 현재완료 실명사적 분사와 함께 선행하는 시간 지시의 의미를 가지고 있는 것들이다.

마 23:37

Ἰερουσαλὴμ Ἰερουσαλήμ, ἡ ἀποκτείνουσα τοὺς προφήτας καὶ λιθοβολοῦσα **τοὺς ἀπεσταλμένους** πρὸς αὐτήν,

예루살렘아 예루살렘아 선지자들을 죽이고 네게 **파송된 자들을** 돌로 치는 자여 암탉이 그 새끼를 날개 아래에 모음 같이 내가 네 자녀를 모으려 한 일이 몇 번이더냐 그러나 너희가 원하지 아니하였도다

눅 1:45

καὶ μακαρία ἡ πιστεύσασα ὅτι ἔσται τελείωσις **τοῖς λελαλημένοις** αὐτῇ παρὰ κυρίου.

주께서 **하신 말씀이** 반드시 이루어지리라고 믿은 그 여자에게 복이 있도다

눅 14:12

Ἔλεγεν δὲ καὶ **τῷ κεκληκότι αὐτόν·** ὅταν ποιῇς ἄριστον ἢ δεῖπνον, μὴ φώνει τοὺς φίλους σου μηδὲ τοὺς ἀδελφούς σου μηδὲ τοὺς συγγενεῖς σου μηδὲ γείτονας πλουσίους, μήποτε καὶ αὐτοὶ ἀντικαλέσωσίν σε καὶ γένηται ἀνταπόδομά σοι.

또 **자기를 청한 자에게** 이르시되 네가 점심이나 저녁이나 베풀거든

벗이나 형제나 친척이나 부한 이웃을 청하지 말라 두렵건대 그 사람들이 너를 도로 청하여 네게 갚음이 될까 하노라

부대 상황의 분사

월리스에 따르면, 부대 상황의 분사는 주도적인 정동사(finite leading verb)와 조화를 이루는 동작과 연결된다. 그리고 "주 동사의 서법(mood) 위에 편승한다."3)

그러므로 분사는 정동사의 효력을 가진다. 어떤 의미에서 분사는 분사처럼 행동하는 것을 그만둔다. 다시 월리스에 따르면, 부대 상황의 분사는 다음과 같은 특징들에 의해서 증명된다: 그 분사의 시제 형태가 주로 부정과거이다. 그 주 동사의 법이 주로 명령법이나 직설법이다. 그 분사가 그 주동사보다 앞선다. 그들이 자주 내러티브에서 발견된다. 이러한 특징들은 다음과 같은 예문들에서 관찰된다.

마 2:8

καὶ πέμψας αὐτοὺς εἰς Βηθλέεμ εἶπεν· **πορευθέντες ἐξετάσατε** ἀκριβῶς περὶ τοῦ παιδίου· ἐπὰν δὲ εὕρητε, ἀπαγγείλατέ μοι, ὅπως καγὼ ἐλθὼν προσκυνήσω αὐτῷ.

베들레헴으로 보내며 이르되 **가서** 아기에 대하여 자세히 **알아보고** 찾거든 내게 고하여 나도 가서 그에게 경배하게 하라

마 28:7

καὶ ταχὺ **πορευθεῖσαι εἴπατε** τοῖς μαθηταῖς αὐτοῦ ὅτι ἠγέρθη ἀπὸ τῶν νεκρῶν, καὶ ἰδοὺ προάγει ὑμᾶς εἰς τὴν

3) 월리스, *Grammar,* 640.

Γαλιλαίαν, ἐκεῖ αὐτὸν ὄψεσθε· ἰδοὺ εἶπον ὑμῖν.

또 **빨리 가서** 그의 제자들에게 이르되 그가 죽은 자 가운데서 살아나셨고 너희보다 먼저 갈릴리로 가시나니 거기서 너희가 뵈오리라 하라 보라 내가 너희에게 일렀느니라 하거늘

눅 1:19

καὶ **ἀποκριθεὶς** ὁ ἄγγελος **εἶπεν** αὐτῷ· ἐγώ εἰμι Γαβριὴλ ὁ παρεστηκὼς ἐνώπιον τοῦ θεοῦ καὶ ἀπεστάλην λαλῆσαι πρὸς σὲ καὶ εὐαγγελίσασθαί σοι ταῦτα·

천사가 **대답하여 이르되** 나는 하나님 앞에 서 있는 가브리엘이라 이 좋은 소식을 전하여 네게 말하라고 보내심을 받았노라

상과 관련하여 부대 상황의 분사는 심지어 단순과거 분사일지라도 주요 동사(leading verb)와 같은 시간이라는 점에서 중요하다. 그런 경우에, 부정과거 분사의 완료 상은 주요 부정과거 동사의 완료 상과 조화를 이루는 기능을 한다. 이것은 앞선 시간 지시라는 보다 일반적인 표현보다는 오히려 완료 상의 화용론적 기능이라고 할 수 있다.

주해적 중요성이라는 관점에서 볼 때, 부대 상황의 분사에 대한 인식은 중요하다. 위의 첫 번째 두 개의 예문들이 예증하듯이, 부대상황의 분사는 하나의 명령이 실행되기 전에 어떤 종류의 그 전의 동작을 표현하기 보다는 오히려 명령법의 의미를 띠기도 한다. 그에 대한 고전적인 예는 마태복음 28장 19절이다.

마 28:19

πορευθέντες οὖν **μαθητεύσατε** πάντα τὰ ἔθνη, βαπτίζοντες αὐτοὺς εἰς τὸ ὄνομα τοῦ πατρὸς καὶ τοῦ υἱοῦ καὶ τοῦ ἁγίου πνεύματος,

그러므로 너희는 **가서** 모든 민족을 **제자로 삼아** 아버지와 아들과 성령의 이름으로 세례를 베풀고

"제자 삼으라"는 명령이 발생하는 상황을 표현하는 동작과 연결하면서 이 부정과거 분사를 "너희가 갈 때"로 번역하는 것은 잘못된 것일 수 있다. 그 대신에, 부대상황의 분사로서 그 부정과거는 관련이 있는 것과 함께 전체가 명령법의 효력을 띤다. 그 명령은 가는 것 그리고 제자 삼는 것이다.

분사를 위한 연습문제

각각의 분사 구문들이 우언적 분사, 형용사적 분사, 실명사적 분사, 부대상황의 분사인지 답을 적어라. 그 다음에 그 분사의 상을 확인하고 그 상이 문맥 속에서 어떤 일을 하는지 기술하라.

예문

요 16:5

Νῦν δὲ ὑπάγω πρὸς τὸν **πέμψαντά** με, καὶ οὐδεὶς ἐξ ὑμῶν ἐρωτᾷ με· ποῦ ὑπάγεις;

지금 내가 나를 **보내신 이**에게로 가는데 너희 중에서 나더러 어디로 가는지 묻는 자가 없고

1. 이 분사는 우언적 분사, 형용사적 분사, 실명사적 분사, 부대상황의 분사 중에서 어떤 것인가? 이 분사는 실명사적이다.
2. 상적인 값은 무엇인가? 이 부정과거 분사는 상에서는 완료 상이다.
3. 이 분사가 문맥 속에서 어떤 기능을 하는가? 이 실명사적 분사는 과거 시간 지시의 뉘앙스를 전달한다.

요 5:2

Ἔστιν δὲ ἐν τοῖς Ἱεροσολύμοις ἐπὶ τῇ προβατικῇ κολυμβήθρα ἡ **ἐπιλεγομένη** Ἑβραϊστὶ Βηθζαθὰ πέντε στοὰς ἔχουσα.

예루살렘에 있는 양문 곁에 히브리 말로 베데스다**라 하는** 못이 있는데 거기 행각 다섯이 있고

눅 16:6

ὁ δὲ εἶπεν· ἑκατὸν βάτους ἐλαίου. ὁ δὲ εἶπεν αὐτῷ· δέξαι σου τὰ γράμματα καὶ **καθίσας** ταχέως γράψον πεντήκοντα.

말하되 기름 백 말이니이다 이르되 여기 네 증서를 가지고 빨리 **앉아** 오십이라 쓰라 하고

요 13:23

ἦν **ἀνακείμενος** εἷς ἐκ τῶν μαθητῶν αὐτοῦ ἐν τῷ κόλπῳ τοῦ Ἰησοῦ, ὃν ἠγάπα ὁ Ἰησοῦς.

예수의 제자 중 하나 곧 그가 사랑하시는 자가 예수의 품에 의지하여 **누웠는지라**

롬 7:14

Οἴδαμεν γὰρ ὅτι ὁ νόμος πνευματικός ἐστιν, ἐγὼ δὲ σάρκινός εἰμι **πεπραμένος** ὑπὸ τὴν ἁμαρτίαν.

우리가 율법은 신령한 줄 알거니와 나는 육신에 속하여 죄 아래에 **팔렸도다**

행 5:5

ἀκούων δὲ ὁ Ἁνανίας τοὺς λόγους τούτους **πεσὼν** ἐξέψυξεν, καὶ ἐγένετο φόβος μέγας ἐπὶ πάντας τοὺς ἀκούοντας.

아나니아가 이 말을 듣고 **엎드러져** 혼이 떠나니 이 일을 듣는 사람이 다 크게 두려워하더라

요 3:24

οὔπω γὰρ ἦν **βεβλημένος** εἰς τὴν φυλακὴν ὁ Ἰωάννης.

요한이 아직 옥에 **갇히지** 아니하였더라

막 14:69

καὶ ἡ παιδίσκη ἰδοῦσα αὐτὸν ἤρξατο πάλιν λέγειν τοῖς **παρεστῶσιν** ὅτι οὗτος ἐξ αὐτῶν ἐστιν.

여종이 그를 보고 곁에 **서 있는** 자들에게 다시 이르되 이 사람은 그 도당이라 하되

결론적인 후기: 공간과 시간

어떤 독자들은 공간적인 개념과 시간적인 개념 사이의 연관성에 혼란스러워하기도 한다. 그래서 필요 이상으로 이 책의 본론을 더욱 복잡하게 만드는 것보다는 이 후기에서 그 관련성을 보다 명확하게 설명하려고 한다. 헬라어 동사가 근접성이나 원격성이라는 공간적인 값과 함께 의미론적으로 상을 부호화한다고 이 책에서 주장했었다(상과 미래 시제 지시를 부호화하는 미래 시제 형태의 예외는 있지만). 이런 식으로 동사의 의미론을 기술하는 것과 전통적인 분석 방법으로 기술하는 것 사이의 차이점은 의미론적 시간 지시("시제")가 의미론적 공간적인 범주에 의해서 대체되었다는 것이다. 다른 말로 하자면, 전통적인 분석은 동사를 상과 시제를 부호화하는 것으로 간주하는 반면에, 여기서는 동사들이 상과 원격성 그리고 상과 근접성을 부호화하는 것으로 간주된다.

또한 이 책에서 주장한 것은 의미론적이라고 할 수 있는 원격성과 근접성의 공간적 값이 일반적으로는 화용론적 층위에서 시간 지시를 표현한다. 예를 들면, 원격성은 시간적 원격성으로 가장 자주 화용론적으로 표현될 것－동작은 과거 지시적－이라는 것을 의미한다. 근접성의 공간적 값은 가장 자주 시간적 근접성－현재 시간－을 표현할 것이다. 그래서 요구되는 질문은 다음과 같다: 공간적 값이 어떻게 시간적 값으로 바뀌는가?

공간적 용어는 은유적이다.

첫째, "근접성" 과 "원격성" 이라는 용어들은 은유로 가장 잘 이해될 수 있다. 부정과거가 사용될 때, 그것이 원격성의 공간적인 값을 부호화하기 때문에 그 동작이 지리적인 의미에서 멀리 떨어져서 발생한다하는 것을 의미하는 것은 아니다. 예를 들어서, 만약 내가 내 주변에서 발생했던 동작을 기술한다면, 단순히 나와 물리적으로 가까운 곳에서 발생했다는 것 때문에 내가 가장 근접한 시제 형태를 사용하도록 강요받지 않는다. 마찬가지로, 만약 그 동작이 쿠바에서 발생했다면, 단순히 쿠바가 호주에서 볼 때 지구 반대편에 있다는 이유로 내가 원격 시제 형태를 사용하도록 강요받지도 않을 것이다. 원격성이 동사에 의해서 부호화되기 때문에 하나의 동작이 물리적으로 떨어져서 발생했음에 틀림없다고 결론짓는 것은 원격성을 은유적으로 받아들이는 것이 아니라 문자적으로 혹은 현실적으로 받아들인 것이다.

상 자체는 하나의 동작이나 사건이나 상태에 대한 주관적인 묘사라는 것을 반드시 기억해야 한다. 또한 원격성과 근접성은 그러한 묘사의 한 부분으로 사용된다. 물리적으로 거리가 먼 것 없이도 그 동작이 멀리 떨어진 것으로 그려지기도 한다. 물리적으로 가까이 있는 것 없이도 그 동작이 근접한 것으로 묘사되기도 한다.

공간적 원격성과 시간적 원격성

둘째, 원격성과 근접성은 정의상으로는 공간적인 용어이다. 원격성의 주요한 의미는 멀리 떨어진, 거리가 먼, 그리고 멀리서와 같은 것과 관련이 있다. 원격성은 영어에서 시간적인 표현에 적용될 수 있는 공간적 의미의 확장에 의해서 가능하다. 예를 들어, "먼 과거(remote past)" 라고 말하는 것은 멀리 떨어진, 거리가 먼, 멀리서와 관련이 있는 시간에 대해 말하는 것이다. 원격성에 대한 공간적인 개념은 시간에 적용되어 왔다. 그 "시간" 은 멀리 떨어져있다. 이것은 정말로 단지 은유적 표현일 수 있다. 왜냐하면 시간은 실제로 공간적인 크기를 가지지 않기 때문이다. 그것은 실제로 멀거나 가까울 수 없다. 왜냐하면 시간은 시간적이지 공간적이지 않기 때문이다.

그러나 바로 그 안에 가장 중요한 점이 있다. 영어에서, 우리는 시간을 묘사하기 위하여 공간적인 용어를 사용한다. 그리고 대부분의 시간에서 우리는 심지어 인지하지도 못한 채 그렇게 사용한다. "먼 과거(remote past)" 라는 말은 단지 하나의 예에 불과하다. "가까운 미래(near future)" 도 또 다른 예가 된다. "먼(remote)" 이라는 것이 시간적 용어가 아닌 것은 "가까운(near)" 이라는 것이 시간적 용어가 아닌 것과 같다. 그러나 우리는 시간적 개념을 표현하기 위하여 그 용어를 사용한다. 다시 말하자면, 그러한 사용은 은유적이다. 미래는 공간적으로 가깝거나 멀 수 없다. 미래는 "내 주변에서" 혹은 "쿠바에서" 가 될 수 없다. 시간은 공간을 점유하지 않는다. 그러나 마치 그것이 그렇게 하는 것처럼 우리가 그것에 대해 말하는 것을 멈추게 하지는 않는다.

실제적으로 공간적인 묘사를 하는 단어들이 영어에 몇 개 있다. 그러나 그것들이 시간에 대한 진술로 규칙적으로 사용되지는 않는다. "*다음에(next)*" 라는 단어를 고려해보자. 이 단어는 시간적인가 공간적인가? 당신은 다음과 같이 대답할 수도 있을 것이다. "사실, '*다음에(next)*' 라는 것은 순서와 관련이 있다. 그것은 시간적인 것도 공간적인 것도 아니다." 만약에 당신이 그런 답을 생각했다면, 당신은 맞기도 하고 틀리기도 하다고 나는 말하고 싶다. "*다음에(next)*" 가 순서와 관련이 있다는 것은 맞다. 그러나 그것이 시간적인 것도 아니고 공간적인 것도 아니라는 것은 틀렸다. 사실 그것은 공간적이다. 순서 자체는 주로 공간적인 개념이다. 마치 아이들이 줄을 서 있는 것과 같이, 하나 다음에 있는 다른 하나와 관련이 있다. 만약에 그들이 알파벳 순서대로 줄을 서 있다면, 그들은 그들 자신들을 공간적으로 배열하고 있는 것이다. 아이들 각각이 다른 아이들의 위치와 관련하여 자신의 위치를 가지고 있다. 순서대로 되어 있다는 것은 특별히 공간적인 배열 안에 서로서로 관련을 가지고 있는 것을 의미한다. 그래서 "다음에(next)" 라는 단어는 실제적으로 공간적인 용어이다: 그 다음 거리, 그 다음 집, 그 다음 방.

공간적인 단어가 시간적인 상황에 적용되는 확장에 의해서만 그것은 가능하다. 우리가 "다음 주(next week)" 라고 말할 때, 물론 우리는 시간에 대해서 말하고 있다. "주(week)" 는 시간을 말한다. "다음(next)" 은 우리가 말하고 있는 "주(week)" 가 이번 주 다음에 온다는 것을 지시하는 기여를 한다. 우리가 "그 다음 집(next house)" 을 "다음(next)" 으로 생각하는 것과 같은 방식으로 그것을 "다음(next)" 으로 생각한다. 그것은 인접해 있다. 그래서 우리는 이 공간적인 단어가 시간을 기술하는데 사용됨을 본다. 그리고 그것은 현대 영어 용례에서 일반적인 용법이다.

이러한 현상을 지지하는 다른 예들이 몇 개 더 있다. 다음과 같은 단어들은 의미에 있어서 주로 공간적이지만 일반적인 영어 용례에서 시간에 적용되기도 한다고 제안하고 싶다: "다음 날(the following day)" 에서의 "다음(following)", "단시간(a short time)" 에서의 "짧은(short)", "장시간(a long time)" 에서의 "긴(long)", "three weeks away(삼 주 후)" 에서의 "떨어진(away)", "그 날이 점점 가까워지고 있다(the day is getting close)" 에서의 "가까운(close)", "먼 과거(the distant past)" 에서의 "먼(distant)", "먼 미래(far off into the future)" 에서의 "먼(far off)."

이 모든 것의 핵심은 우리 자신의 언어 내에서 조차도 우리가 생각하는 것보다도 시간과 공간 사이에 훨씬 더 밀접한 관련이 있음을 말하고 있다는 것이다. 우리는 종종 시간에 대한 우리의 대화 속에서 공간적인 묘사를 사용한다. 그리고 우리는 공간적 은유를 통하여 시간을 이해할 수 있다.

역사 속의 공간과 시간

공간과 시간 사이의 연결은 거의 틀림없이 언어의 한 부분이다. 언어의 동사 체계 (즉, 시제를 가지고 있는 언어들)를 통하여 시간을 부호화하는 언어는 항상 이것을 한다. 모든 언어는 시간이 갈수록 변한다. 수많은 언어들의 역사 속에서 관찰할 수 있는 주요한 변화들 중의 하나는 동사 체계가 공간적인 체계에서 시작하고 나중에 시간적인 체계로 발전하는 경향이 있다는 것이다. 바꾸어 말하자면, 동사가 주로 시간적으로보다는 오히려 공간적으로 동작을 전달해야 한다는 개념은 언어의 역사 속에서는 그리 특이한 것은 아니다. 그리고 수많은 언어들이 그런 식으로 시작했다.

언어들 내에서 공간 체계에서 시간 체계로 발전하는 것은 일반적으로 인류학자들이 했던 문화에 대한 관찰과 유사하다. 많은 문화들이 발전할 때에 사고의 공간적인 방식으로부터 사고의 시간적인 방식으로의 발전이 있었다는 것을 그들은 관찰했다. 시드니 대학의 토니 스웨인은 호주 원주민들 가운데 특별한 부족들과 관련하여 이러한 현상이 있다는 것을 관찰했다. 이 부족들은 분명히 그들이 생각했던 식으로는 시간을 전혀 이해하지 못했다; 그들은 세상에 대하여 주로 공간적인 방식으로 생각했다; 이 부족들은 유럽 사람들과 조우했을 때에야 비로소 시간적인 범주 안에서 생각하기 시작했다.[1)]

헬라어의 경우도 그렇다. 헬라어의 발달에서 가장 초기 단계로 거슬러 올라가면 헬라어의 동사 체계가 원래 공간적이었다는데 대부분의 학자들은 동의한다. 그리고 물론 그 헬라어 동사 체계가 지금은 시간적이다-현대 헬라어는 시제를 가지고 있다. 그러나 질문하고 싶은 것은 이것이다. 언제부터 그 동사 체계가 주로 공간적이었던 것을 중지하고 시간적인 특징을 가진 것으로 발전했는가? 대부분의 학자들은 그 동사 체계가 시제를 구성하고 있었던 것이 호머 시대의 헬라어였을 만큼 초기였고, 아틱 헬라어 시대에는 분명했다고 보는 반면에, 나는 그 동사 체계가 이 시간도 여전히 주로 공간적이고 코이네 시기를 거치면서도 실제로 그

---

1) Tony Swain, *A Place for Strangers: Towards a History of Australian Aboriginal Being* (Cambridge: Cambridge University Press, 1993), 14-44.

렇게 계속되고 있다고 주장해왔다.

그럼에도 불구하고, 공간적인 의미에서 시간적인 의미로의 발전이 이 시간까지 일어나고 있다는 증거가 있다. 예를 들어, 실제적인 시제인 미래 시제 형태의 존재는 일관성있는 시제 지시를 가지는 최초의 동사 형태이다. 그것은 시간에 대한 표현과 관련이 있는 핵심적인 의미를 가지고 있는 진짜 시제이다. 내 분석에 따르면 의미론적 층위에서 시제로 간주되지 않는 다른 동사 형태들과 같이 실제적인 시제의 존재는 문제가 되지도 않고 모순되지도 않는다. 직설법 내에서 그 유일한 실제적인 시제가 또한 발전한 고대 시제 형태들의 마지막이라는 것은 우연이 아니다. 그래서 그것은 그 언어의 통시적인 발전 속에서 공간적인 부호화로부터 시간적인 부호화로의 변화가 발생하고 있다는 증거이다. 결과적으로, 직설법 체계 전체는 시제들로 구성될 것이다. 그리고 그 미래 시제는 이러한 새로운 상황 중에서 최초의 대표적인 예이다.

결론

언어에서의 공간과 시간 사이의 관계에 대한 해결책을 찾기 위해서 고심하는 대부분의 학생들이 만약에 시간적으로보다는 오히려 공간적으로 헬라어 동사들을 생각하려고 한다면, 헬라어 동사들에 대해서 어떻게 생각해야 할지를 알기 원할 것이다. 성공으로 가는 길은 영어에서 공간과 시간이 종종 같이 가며 헬라어도 다르지 않다는 것을 깨닫는 것이라고 나는 생각한다. 비록 아마도 그 관계의 배치가 뒤바뀔지라도 그렇다.

영어에서 오래 전에 일어났던 사건은 종종 먼저 시간적으로 해석된다: "그것은 오래 전이었다(it was a long time ago)". 그러나 그것은 또한 그 사건에 대해서 우리가 생각하는 방식에 대해서 공간적인 함축을 가질 것이다. 그것은 멀게 느껴진다. 그래서 영어 용례에서 그 동사는 주로 시간을 전달한다. 그러나 그 동사는 우리 사고에 대한 공간적인 함축을 가진다.

헬라어도 이것과 같다. 그러나 반대다. 멀리 떨어져있는 사건은 먼저 공간적으로 해석될 것이다: "그것은 먼 과거이다(it's the remote past)." 그러나 역시 그 언어 사용자들이 그 사건에 대해서 생각하는 방식대로 시간적인 함축도 가질 것이다: "그것은 오래 전에 일어났다(it happened a long time ago)". 헬라어에서 그 동사는 주로 원격성이나 근접성을 전달한다. 그러나 그 동사는 우리의 사고에 대한 시간적인 함축도 가진다.

전문용어해설

격언 동작류 (Gnomic Aktionsart)

어떤 동사는 무시간적이고 보편적인 동작을 묘사한다. 이것은 상이나 어떤 유형의 어휘소와 함께 발생한다. 문맥만으로도 동작이 격언적인지 아닌지를 결정하기도 한다.

근접성 (proximity)

가까움에 대한 공간적 특성. 현재 시제에 대한 공간적인 대체로 사용됨. 공간적 근접성은 현재 시간 지시를 통해서나 논리적인 친밀감(증강이나 현저성과 같은)을 통해서 화용론적으로 표현되기도 한다.

기동 동작류 (ingressive Aktionsart)

어떤 동사는 하나의 동작의 시작 그리고 그 후의 진행을 묘사한다. 그 문맥이 전이나 새로운 방향을 지시할 때 이것은 미완료상과 비-순간 / 비-상태 어휘소와 같이 발생하기도 한다. 그렇지 않다면, 이것은 완료상과 상태 어휘소와 함께 발생하기도 한다.

동작류 (Aktionsart)

동작의 특징을 묘사하는 화용론의 범주로 반복, 순간, 기동과 같은 것들이 있다. 동작류는 상과 어휘소와 문맥의 결합을 기술한다. 그러므로 그것은 취소될 수 있다

미완료 상 (imperfective aspect)

내부적 상/관점. 이것은 동작의 시작이나 마침과는 관계없이 마치 전개되는 것처럼 내부로부터의 동작을 묘사한다. 비록 이러한 동작류들이 미완료 상과 함께 다른 요소들과 결합하여 자연스럽게 표현된다 할지라도 그것은 진행이나 미완성을 함의하지 않는다. 현재, 미완료과거, 현재완료 그리고 과거완료 시제 형태들은 상에서는 미완료이다.

반복 동작류 (iterative Aktionsart)

반복된 동작을 묘사하는 동사. 미완료상이 순간 어휘소와 함께 결합할 때 이것은 발생하기도 한다. 그렇지 않다면, 심지어 그 어휘소가 순간이 아닐 경우에도 그 문맥은 반복된 동작을 만들기도 한다.

비정형 동사 (infinite verb)*[1]

준동사 (verbal)라고도 하며 부정사, 현재분사, 과거분사, 동명사 등이 있으며 주어에 의해 제한되지 않고 명사나 형용사와 같이 문장 성분으로서의 역할을 한다.

상 (aspect)

저자에 의해 제시된 동작에 대한 관점. 내적 혹은 외적 관점이 일반적인 상이다. 동작류와 혼동하지 않아야 한다. 상은 의미론적이므로 취소될 수 없다.

상태 동작류 (stative Aktionsart)

동사는 상태를 묘사한다. 미완료상이 상태 어휘소와 결합할 때 이것은 발생하기도 한다. 심지어 그 어휘소가 자체적으로 상태가 아닐 지라

1) * 표시는 역자가 독자들의 이해를 돕기 위하여 추가로 넣은 것이다.

도 때때로 그 문맥은 상태 동작류를 만들 수 있다.

상태 상 (stative aspect)
주어의 상태를 지시(맥케이)하거나 상황의 상태를 지시(포터)한다. 후자는 현재완료를 현재의 결과와 함께 있는 과거 동작으로 전통적으로 이해하는 것의 그 "현재의 결과"와 거의 유사하다. 나의 관점에서는 상태가 타동사와 아주 잘 맞지는 않는다. 나의 분석에 따르면, 상태성은 상적 범주보다는 동작류 범주(일반언어학에서 그러하듯이)로 적절하게 이해된다.

상태 어휘소 (stative lexeme)
존재의 상태를 전달하는 자동사 어휘소의 한 유형

순간 동작류 (punctiliar Aktionsart)
어떤 동사는 순간적인 동작을 묘사하기도 한다. 이것은 완료상과 순간 어휘소와 함께 발생하기도 한다.

순간 어휘소 (punctiliar lexeme)
순간적이고 단회적으로 발생하는 타동사적 어휘소의 한 유형. 순간적인 동작은 반복되기도 하는 반면에 어떤 기간과 함께 수행될 수는 없다.

시도 동작류 (conative Aktionsart)
어떤 동사는 시도된 (그러나 성취되지 않은) 동작을 묘사한다. 이것은 미완료과거 시제 형태와 어떤 유형의 어휘소와 같이 발생하기도 한다. 문맥은 그 동작이 성공적으로 시도되지 못했던 것을 나타낸다.

시제 (tense)
취소될 수 있는 시간 지시. 시제는 어떤 사람들에 의해서 상과 같이 의미론적인 것으로 잘못 가정되어왔다. 그러나 문맥 속에서 다양한 요소들의 화용론적 결과로 간주하는 것이 더 낫다. 사실, 이 정의로는 어떤 사람은 시제가 존재하지 않는다고 말하기도 한다; 오직 시간 지시(실제 시제인 미래를 제외하고)만 있다.

실명사 (substantive)*
명사의 역할을 하는 것.

어휘소 (lexeme)
"달리다", "쓰다", "보다", "날다"와 같은 특정한 단어.

역사적 현재 (historical present)
과거를 지시하는 현재 시제 형태

역사적 현재완료 (historical perfect)
과거를 지시하는 현재완료 시제 형태

완료상 (perfective aspect)
외부적 상 / 관점. 이것은 한정되지 않은, 요약되지 않은, 다소 멀리 떨어진 것으로서의 동작을 묘사한다. 비록 이러한 동작류들이 완료상과 함께 다른 요소들과 결합하여 자연스럽게 표현된다 할지라도 그것은 완성이나 순간성을 함의하지 않는다. 부정과거와 미래는 상에서는 완료이다.

요약 동작류 (summary Aktionsart)
어떤 동사는 과정이나 동작을 요약해서 묘사한다. 이것은 완료상과 순간이나 상태가 아닌 어떤 유형의 어휘소와 함께 발생하기도 한다.

원격성 (remoteness)

거리에 대한 공간적 특성. 과거 시제에 대한 공간적인 대체로 사용됨. 공간적인 원격성은 과거 시제 지시를 통해서나 논리적 완곡함(부정적인 조건들 내에서와 같이)을 통해서 화용론적으로 표현되기도 한다.

의미론 (semantics)

한 동사 형태의 취소될 수 없는 중심적인 값/값들. 동사(동사 의미론, 문법적 의미론)와 관련하여 의미론적 값들에는 상과 원격성 혹은 근접성(혹은 시제)이 있다.

자동사 어휘소 (intransitive lexeme)

목적어에 대하여 동작을 수행하지 않는 어휘소. 실제로 목적어를 취하기도 하지만 엄밀하게 말하자면, 그 동작은 그 목적어에 실행되지 않는다. 그 동작은 어떤 사람이나 어떤 것과 관련하여 이루어지기도 한다.

정동사 (finite verb)*

인칭, 수, 시제, 상, 태를 나타낼 수 있는 활용하는 동사를 말하며 독립절의 주동사의 기능을 한다.

지시적 표지어 (deictic marker)

시간, 인칭, 위치, 등과 같은 것을 지시하는 본문 내에 있는 요소. 여기서 시간 지시가 가장 관련이 있으며 "지금", "후에", "전에", "어제", 등과 같은 단어들을 포함한다. 담화는 종종 명백한 표지어 없이도 시간 지시를 표현한다. 왜냐하면 그것은 주로 과거를 지시하는 것으로 가정되기 때문이다.

진행 동작류 (progressive Aktionsart)

어떤 동사는 과정이나 진행 중인 동작을 묘사한다. 미완료상이 순간이나 상태가 아닌 어휘소와 함께 결합할 때 그리고 그 문맥이 진행을 허용할 때 발생하기도 한다.

체계 언어학 (systemic linguistics)

기능 언어학의 한 학파로 특별히 포터의 분석에 기초를 이룬다. 이것은 언어 사용을 다른 가능성있는 선택과는 반대로 만들어진 일련의 선택으로 생각한다. 그러므로 언어는 반대들의 네트웍이다.

취소가능성 (cancelability)

만약 값이 어떤 특정한 형태로 각각 사용되지 않는다면, 그 값은 취소될 수 있다. 만약 값이 어떤 특정한 형태로 사용된다면, 그 값은 취소될 수 없다. 동사적 의미론적 값은 취소될 수 없지만, 화용론적 값은 취소될 수 있다.

타동사 어휘소 (transitive lexeme)

목적어에 대하여 동작을 수행하는 어휘소.

화용론 (pragmatics)

어떤 것과 결합하여 모든 본문의/어휘의/지시사의 요소들의 취소될 수 있는 결과. 하나의 동사가 문맥 속에서 "하고 있" 게 되는 것.

한영 언어학 전문용어

가정법 subjunctive
강화된 근접성 heightened proximity
격언적 동작류 gnomic Aktionsart
공간적/시간적 성격 spatial/temporal quality
과거완료 시제 형태 pluperfect tense-form
근섭성 proximity
기동 동작류 ingressive Aktionsart
대과거 과거완료 past-past pluperfect
동사 verb
동사 상 verbal aspect
동사 어휘소 verbal lexeme
동사 의미론 verbal semantics
동작류 Aktionsart
명령법 imperative mood
문법적 의미론 grammatical semantics
미래 부정과거 future aorist
미래 시제 형태 future tense-form
미완료과거 시제-형태 imperfective tense-form
미완료상 imperfective aspect
반복 동작류 iterative Aktionsart
번역 translation
부대 상황의 분사 attendant circumstance participle
부정과거 가정법 aorist subjunctive
부정과거 명령법 aorist imperative
부정과거 부정사 aorist infinitive
부정과거 분사 aorist participle
부정과거 시제 형태 aorist tense-form
부정과거 실명사적 분사 aorist substantive participle
부정과거 직설법 aorist indicative
부정과거로서의 과거 시제 past tense as the aorist
부정사 infinitive
분사 participle
상 aspect
상태 동작류 state Aktionsart
상태 상 stative aspect
상태 어휘소 stative aspect
서사 기능 narrative function
성결교 운동 holiness movement
성화 sanctification
숙어 idiom
순간 동작류 punctiliar Aktionsart
순간 부정과거 punctiliar aorist

순간 어휘소 punctiliar lexeme
시간 time
시간류 Zeitart
시간성과 시제 temporality and tense
시간적 원격성 temporal remoteness
시도 동작류 conative Aktionsart
시제 tense
시제 형태 tense-form
신약 연구 New Testament research
실명사적 분사 substantival participle
양동사 어휘소 ambitransitive lexeme
어휘 의미론 lexical semantics
어휘소 lexeme
언어학 linguistics
역사적 현재 historical present
역사적 현재완료 historical perfect
완료상 perfective aspect
요약 동작류 summary Aktionsart
우언적 분사 periphrastic participle
원격성 remoteness
의미론 semantics
자동사 어휘소 intransitive lexeme
전이 transition
종합적인 의미론적 범주 synthetic semantic category
지시적 표지어 deictic marker
직설법 indicative mood
진행 동작류 progressive Aktionsart
체계 언어학 systemic linguistics
취소가능성 cancelability
코이네 헬라어 Koine Greek
타동사적 어휘소 transitive lexeme
함축 implicature
헬라어 동사 체계 verbal system of Greek
헬라어 문헌학 Greek philology
현재 부정과거 present aorist
현재 시제 형태 present tense-form
현재 실명사적 분사 present substantival participle
현재 직설법 present indicative
현재완료 분사 perfect participle
현재완료 시제 형태 perfect tense-form
현재완료 실명사적 분사 perfect substantival participle
형용사적 분사 adjectival participle
형태론적 형태 morphological form
화용론 pragmatics

연습문제에 대한 해답

현재 시제 형태와 미완료과거 시제 형태

각각의 구절들에서 (1) 그 동사의 의미론적 의미에 대하여 쓰라. (2) 그 어휘소가 기여한 점에 대하여 진술하라. (3) 문맥 속에서 그 동사의 기능에 대하여 검토하라. 먼저 당신이 답을 다 쓴 후에 아래에 있는 각각의 구절들에 있는 빈 칸 속에 당신이 발견한 것들을 요약하라.

예문

눅 8:45 (x2)

καὶ εἶπεν ὁ Ἰησοῦς· τίς ὁ ἁψάμενός μου; ἀρνουμένων δὲ πάντων εἶπεν ὁ Πέτρος· ἐπιστάτα, οἱ ὄχλοι **συνέχουσίν** σε καὶ **ἀποθλίβουσιν**.

예수께서 이르시되 내게 손을 댄 자가 누구냐 하시니 다 아니라 할 때에 베드로가 이르되 주여 무리가 **밀려들어 미나이다**

1. 동사의 의미론적 의미. 현재 직설법은 의미론적으로 미완료상을 부호화한다 그리고 근접성의 공간적 값을 가진다.
2. 어휘소의 기여. 그 어휘소들은 타동사(목적어에 대하여 행동을 수행하는 동사)이다. 그것들은 즉각이나 상태가 아니다.

3. 문맥에서의 기능. 그 문맥은 이 동작들이 발화 시점에 지속적으로 발생하고 있다는 것을 분명하게 해 준다. 그래서 이 동사들은 진행적 동작을 함축한다.

1. 의미론		**2. 어휘소**		**3. 문맥**		**동작류**
미완료상 근접성	+	비-순간/ 비-상태	+	진행을 허용	=	진행

요 7:42

οὐχ ἡ γραφὴ εἶπεν ὅτι ἐκ τοῦ σπέρματος Δαυὶδ καὶ ἀπὸ Βηθλέεμ τῆς κώμης ὅπου ἦν Δαυὶδ **ἔρχεται** ὁ χριστός;

성경에 이르기를 그리스도는 다윗의 씨로 또 다윗이 살던 마을 베들레헴에서 **나오리라** 하지 아니하였느냐 하며

1. 동사의 의미론적 의미. 현재 직설법은 의미론적으로 미완료상을 부호화한다 그리고 근접성의 공간적 값을 가진다.

2. 어휘소의 기여. 그 어휘소들은 자동사(목적어를 취하지는 않지만 상태는 아니다)이다. 이것은 또한 추진동사이다.

3. 문맥에서의 기능. 그 문맥은 실제에 대한 일반적인 진술이 만들어지고 있고 그러므로 격언적이라는 것을 분명히 한다. 예수는 메시야가 다윗의 자손으로부터 온다는 일반적인 진술을 단언하고 있다.

1. 의미론		2. 어휘소		3. 문맥		동작류
미완료상 근접정	+	타동사 추진동사	+	격언	=	격언

요 5:16

καὶ διὰ τοῦτο **ἐδίωκον** οἱ Ἰουδαῖοι τὸν Ἰησοῦν, ὅτι ταῦτα ἐποίει ἐν σαββάτῳ.

그러므로 안식일에 이러한 일을 행하신다 하여 유대인들이 예수를 **박해하게 된지라**

1. 동사의 의미론적 의미. 미완료과거 직설법은 의미론적으로 미완료상을 부호화한다 그리고 원격성의 공간적 값을 가진다.
2. 어휘소의 기여. 그 어휘소들은 타동사(목적어를 취한다)이다. 그러나 순간은 아니다.
3. 문맥에서의 기능. 그 문맥은 동작이 막 시작했고, 그러한 동작은 기동이라는 것을 분명히 한다.

1. 의미론		2. 어휘소		3. 문맥		동작류
미완료상 원격성	+	타동사	+	동작의 시작	=	기동

롬 1:18

Ἀποκαλύπτεται γὰρ ὀργὴ θεοῦ ἀπ᾽ οὐρανοῦ ἐπὶ πᾶσαν ἀσέβειαν καὶ ἀδικίαν ἀνθρώπων τῶν τὴν ἀλήθειαν ἐν ἀδικίᾳ κατεχόντων,

하나님의 진노가 불의로 진리를 막는 사람들의 모든 경건하지 않음과 불의에 대하여 하늘로부터 **나타나나니**

1. 동사의 의미론적 의미. 현재 직설법은 의미론적으로 미완료상을 부호화한다 그리고 근접성의 공간적 값을 가진다.
2. 어휘소의 기여. 그 어휘소들은 타동사이다. 그러나 순간이나 상태가 아니다.
3. 문맥에서의 기능. 그 문맥은 그 동작이 진행인지 상태인지 분명하지는 않다. 한편으로 그것은 계속적으로 계시되는 하나님의 분노를 가리키기도 하며, 다른 한편으로 그것은 일의 상태를 지시하기도 한다. (하나님의 분노는 계시되었다 그리고 이제 명백하다.)

어떤 선택이 최상인지 결정하기 위해서는 더 넓은 문맥이 필요하다 (즉, 신학적 문맥). 반복적 읽기일 것 같지는 않다. 왜냐하면 그 어휘소가 순간이 아니기 때문이다.

1. 의미론		**2. 어휘소**		**3. 문맥**		**동작류**
미완료상 근접정	+	타동사	+	진행과 상대 성을 허용	=	진행 혹은 상태

롬 8:3

Τὸ γὰρ ἀδύνατον τοῦ νόμου ἐν ᾧ **ἠσθένει** διὰ τῆς σαρκός, ὁ θεὸς τὸν ἑαυτοῦ υἱὸν πέμψας ἐν ὁμοιώματι σαρκὸς ἁμαρτίας καὶ περὶ ἁμαρτίας κατέκρινεν τὴν ἁμαρτίαν ἐν τῇ σαρκί,

율법이 육신으로 말미암아 **연약하여 할 수 없는** 그것을 하나님은 하

시나니 곧 죄로 말미암아 자기 아들을 죄 있는 육신의 모양으로 보내어 육신에 죄를 정하사

1. 동사의 의미론적 의미. 미완료과거 직설법은 의미론적으로 미완료상을 부호화한다 그리고 원격성의 공간적 값을 가진다.
2. 어휘소의 기여. 그 어휘소는 상태다. 그 안에서 약함의 상태 안에 있는 것을 지시한다.
3. 문맥에서의 기능. 그 문맥은 상태성을 허용한다. 그러나 과거 시제 문맥 내에서 이것을 위치시킨다. 그래서 그 동사는 (과거) 상태를 전달한다.

1. 의미론 미완료상 근접정	+	**2. 어휘소** 상태	+	**3. 문맥** 상태성 허용	=	**동작류** 상태

요 15:27(x2)

καὶ ὑμεῖς δὲ **μαρτυρεῖτε**, ὅτι ἀπ᾽ ἀρχῆς μετ᾽ ἐμοῦ ἐστε.

너희도 처음부터 나와 함께 **있었으므로 증언하느니라**

1. 동사의 의미론적 의미. 현재 직설법은 의미론적으로 미완료상을 부호화한다 그리고 근접성의 공간적 값을 가진다.
2. 어휘소의 기여. 그 첫 번째 어휘소는 자동사(목적어를 가지지 않는다 그러나 상태는 아니다); 두 번째는 상태이다.
3. 문맥에서의 기능. 그 문맥은 그 첫 번째 동사가 원래 진행이고 시간 지시에서는 미래라는 것을 분명히 한다. 그 두 번째 동사는 과

거에 시작했던 (“처음부터”) 상태를 지시하는 것은 분명하다. 그리고 그 상태는 말하는 시간에 존재하는 것을 함의한다.

1. 의미론		**2. 어휘소**		**3. 문맥**		**동작류**
미완료상 근접정	+	a.자동사 b. 상태	+	a.진행을 허용 b.상태를 허용	=	a.진행 b.상태

롬 6:8

εἰ δὲ ἀπεθάνομεν σὺν Χριστῷ, **πιστεύομεν** ὅτι καὶ συζήσομεν αὐτῷ,

만일 우리가 그리스도와 함께 죽었으면 또한 그와 함께 살 줄을 **믿노니**

1. 동사의 의미론적 의미. 현재 직설법은 의미론적으로 미완료상을 부호화한다 그리고 근접성의 공간적 값을 가진다.

2. 어휘소의 기여. 그 어휘소는 상태이다.

3. 문맥에서의 기능. 그 문맥은 상태성을 허용한다.

1. 의미론		**2. 어휘소**		**3. 문맥**		**동작류**
미완료상 근접정	+	상태	+	상태성 허용	=	상태

요 3:22

Μετὰ ταῦτα ἦλθεν ὁ Ἰησοῦς καὶ οἱ μαθηταὶ αὐτοῦ εἰς τὴν Ἰουδαίαν γῆν καὶ ἐκεῖ διέτριβεν μετ᾽ αὐτῶν καὶ **ἐβάπτιζεν**.

그 후에 예수께서 제자들과 유대 땅으로 가서 거기 함께 유하시며 **세례를 베푸시더라**

1. 동사의 의미론적 의미. 미완료과거 직설법은 의미론적으로 미완료 상을 부호화한다 그리고 원격성의 공간적 값을 가진다.
2. 어휘소의 기여. 그 어휘소는 순간이다. 그런 점에서 세례 (문자적으로는 "담그다")가 순긴적 동작이다.
3. 문맥에서의 기능. 그 문맥은 이 동작이 반복되었다는 것을 함의한다. 그러므로 반복성이다.

1. 의미론		**2. 어휘소**		**3. 문맥**		**동작류**
미완료상 근접정	+	순간	+	반복된 동작을 함의	=	반복

롬 8:13 (x3)

εἰ γὰρ κατὰ σάρκα **ζῆτε, μέλλετε** ἀποθνῄσκειν· εἰ δὲ πνεύματι τὰς πράξεις τοῦ σώματος **θανατοῦτε**, ζήσεσθε.

너희가 육신대로 **살면** 반드시 **죽을 것이로되** 영으로써 몸의 행실을 **죽이면** 살리니

1. 동사의 의미론적 의미. 현재 직설법은 의미론적으로 미완료상을 부호화한다 그리고 근접성의 공간적 값을 가진다.

2. 어휘소의 기여. 첫 번째 어휘소는 상태다; 두 번째는 부정사에 대한 조동사(그리고 상태의 종류다); 세 번째는 타동사다.

3. 문맥에서의 기능. 그 문맥은 첫 번째와 두 번째 동사들이 상태가 되도록 허용한다. 그리고 세 번째는 진행일 것 같다.

부정과거 시제 형태와 미래 시제 형태

각각의 구절들에서 (1) 그 동사의 의미론적 의미에 대하여 쓰라.
(2) 그 어휘소가 기여한 점에 대하여 진술하라.
(3) 문맥 속에서 그 동사의 기능에 대하여 검토하라.
먼저 당신이 답을 다 쓴 후에 아래에 있는 각각의 구절들에 있는 빈 칸 속에 당신이 발견한 것들을 요약하라.

예문

요 19:34
ἀλλ᾽ εἷς τῶν στρατιωτῶν λόγχῃ αὐτοῦ τὴν πλευρὰν **ἔνυξεν**, καὶ ἐξῆλθεν εὐθὺς αἷμα καὶ ὕδωρ.

그 중 한 군인이 창으로 옆구리를 **찌르니** 곧 피와 물이 나오더라

1. 동사의 의미론적 의미. 부정과거 직설법은 의미론적으로 완료상을 부호화한다 그리고 원격성의 공간적 값을 가진다.

2. 어휘소의 기여. 그 어휘소는 순간적이다. 그것은 즉각적인 동작이다.

3. 문맥에서의 기능. 그 문맥은 순간성을 허용한다.

1. 의미론		2. 어휘소		3. 문맥		동작류
완료성 원격성	+	순간	+	순간성 허용	=	순간

요 7:32

ἤκουσαν οἱ Φαρισαῖοι τοῦ ὄχλου γογγύζοντος περὶ αὐτοῦ ταῦτα, καὶ **ἀπέστειλαν** οἱ ἀρχιερεῖς καὶ οἱ Φαρισαῖοι ὑπηρέτας ἵνα πιάσωσιν αὐτόν.

예수에 대하여 무리가 수군거리는 것이 바리새인들에게 **들린지라** 대제사장들과 바리새인들이 그를 잡으려고 아랫사람들을 **보내니**

1. 동사의 의미론적 의미. 부정과거 직설법은 의미론적으로 완료상을 부호화한다 그리고 원격성의 공간적 값을 가진다.
2. 어휘소의 기여. 그 어휘소가 순간도 아니고 상태도 아니다.
3. 문맥에서의 기능. 그 문맥은 요약을 허용한다.

1. 의미론		2. 어휘소		3. 문맥		동작류
완료상 원격정	+	비 - 순간 비 - 상태	+	요약을 허용	=	요약

롬 6:14

ἁμαρτία γὰρ ὑμῶν **οὐ κυριεύσει**· οὐ γάρ ἐστε ὑπὸ νόμον ἀλλὰ ὑπὸ χάριν.

죄가 너희를 **주장하지 못하리니** 이는 너희가 법 아래에 있지 아니하고 은혜 아래에 있음이라

1. 동사의 의미론적 의미. 미래 직설법은 의미론적으로 완료상을 부호화한다 그리고 미래 시간 지시를 가진다.
2. 어휘소의 기여. 그 어휘소가 순간도 아니고 상태도 아니다.
3. 문맥에서의 기능. 그 문맥은 요약을 허용한다.

1. 의미론		**2. 어휘소**		**3. 문맥**		**동작류**
완료상 미래 지시	+	비 - 순간 비 - 상태	+	요약을 허용	=	요약

롬 3:23

πάντες γὰρ **ἥμαρτον** καὶ ὑστεροῦνται τῆς δόξης τοῦ θεοῦ

모든 사람이 죄를 **범하였으매** 하나님의 영광에 이르지 못하더니

1. 동사의 의미론적 의미. 부정과거 직설법은 의미론적으로 완료상을 부호화한다 그리고 원격성의 공간적 값을 가진다.
2. 어휘소의 기여. 그 어휘소가 순간도 아니고 상태도 아니다.
3. 문맥에서의 기능. 그 문맥은 요약을 허용한다. 아마도 격언적 문맥을 제공할 수 있다. "왜냐하면 모든 죄는 ... " 그러나 이것은 기껏해야 임시적이다.

1. 의미론		2. 어휘소		3. 문맥		동작류
완료상 원격성	+	비 - 순간 비 - 상태	+	요약을 허용 (격언적?)	=	요약 (혹은 아마도 격언)

요 1:10

ἐν τῷ κόσμῳ ἦν, καὶ ὁ κόσμος δι᾽ αὐτοῦ ἐγένετο, καὶ ὁ κόσμος αὐτὸν **οὐκ ἔγνω**.

그가 세상에 계셨으며 세상은 그로 말미암아 지은 바 되었으되 세상이 그를 **알지 못하였고**

1. 동사의 의미론적 의미. 부정과거 직설법은 의미론적으로 완료상을 부호화한다. 그리고 원격성의 공간적 값을 가진다.
2. 어휘소의 기여. 그 어휘소는 상태이다.
3. 문맥에서의 기능. 그 문맥은 상태로 들어가는 것을 허용한다.

1. 의미론		2. 어휘소		3. 문맥		동작류
완료상 원격성	+	상태	+	상태로 들어가는 것을 허용	=	기동

막 14:27

καὶ λέγει αὐτοῖς ὁ Ἰησοῦς ὅτι πάντες σκανδαλισθήσεσθε, ὅτι γέγραπται· **πατάξω** τὸν ποιμένα, καὶ τὰ πρόβατα διασκορπισθήσονται.

예수께서 제자들에게 이르시되 너희가 다 나를 버리리라 이는 기록된 바 내가 목자를 **치리니** 양들이 흩어지리라 하였음이니라

1. 동사의 의미론적 의미. 미래 직설법은 의미론적으로 완료상을 부호화한다. 그리고 미래 시간 지시를 가진다.
2. 어휘소의 기여. 그 어휘소는 순간이다; 그것은 즉각적인 동작이다.
3. 문맥에서의 기능. 그 문맥은 순간성을 허용한다.

1. 의미론		**2. 어휘소**		**3. 문맥**		**동작류**
완료상 미래 지시	+	순간	+	순간성을 허용	=	순간

요 7:26

καὶ ἴδε παρρησίᾳ λαλεῖ καὶ οὐδὲν αὐτῷ λέγουσιν. μήποτε ἀληθῶς **ἔγνωσαν** οἱ ἄρχοντες ὅτι οὗτός ἐστιν ὁ χριστός;

보라 드러나게 말하되 그들이 아무 말도 아니하는도다 당국자들은 이 사람을 참으로 그리스도인 줄 **알았는가**

1. 동사의 의미론적 의미. 부정과거 직설법은 의미론적으로 완료상을 부호화한다. 그리고 원격성의 공간적 값을 가진다.
2. 어휘소의 기여. 그 어휘소는 상태이다.
3. 문맥에서의 기능. 그 문맥은 상태로 들어가는 것을 허용한다.

1. 의미론		2. 어휘소		3. 문맥		동작류
완료상 원격성	+	상태	+	상태로 들어가는 것을 허용	=	기동

롬 8:11

εἰ δὲ τὸ πνεῦμα τοῦ ἐγείραντος τὸν Ἰησοῦν ἐκ νεκρῶν οἰκεῖ ἐν ὑμῖν, ὁ ἐγείρας Χριστὸν ἐκ νεκρῶν **ζῳοποιήσει** καὶ τὰ θνητὰ σώματα ὑμῶν διὰ τοῦ ἐνοικοῦντος αὐτοῦ πνεύματος ἐν ὑμῖν.

예수를 죽은 자 가운데서 살리신 이의 영이 너희 안에 거하시면 그리스도 예수를 죽은 자 가운데서 살리신 이가 너희 안에 거하시는 그의 영으로 말미암아 너희 죽을 몸도 **살리시리라**

1. 동사의 의미론적 의미. 미래 직설법은 의미론적으로 완료상을 부호화한다. 그리고 미래 시간 지시를 가진다.
2. 어휘소의 기여. 그 어휘소는 순간이나 상태가 아니다. 그러나 기동 동작을 함의한다. 왜냐하면 그것은 “살리는 것”을 의미하기 때문이다. 그것은 살아있는 상태로 들어가는 것을 지시한다.
3. 문맥에서의 기능. 그 문맥은 상태로 들어가는 것을 허용한다.

1. 의미론		2. 어휘소		3. 문맥		동작류
완료상 미래 지시	+	비 - 순간/ 비 - 상태	+	상태로 들어가는 것을 허용	=	기동

롬 8:30

οὓς δὲ **προώρισεν**, τούτους καὶ **ἐκάλεσεν**· καὶ οὓς ἐκάλεσεν, τούτους καὶ **ἐδικαίωσεν**· οὓς δὲ **ἐδικαίωσεν**, τούτους καὶ **ἐδόξασεν**.

또 **미리 정하신** 그들을 또한 **부르시고 부르신** 그들을 또한 **의롭다 하시고 의롭다 하신** 그들을 또한 **영화롭게 하셨느니라**

1. 동사의 의미론적 의미. 부정과거 직설법은 의미론적으로 완료상을 부호화한다. 그리고 원격성의 공간적 값을 가진다.
2. 어휘소의 기여. 그 어휘소는 순간도 아니고 상태도 아니다.
3. 문맥에서의 기능. 그 문맥은 격언적 읽기를 제안한다.

1. 의미론		**2. 어휘소**		**3. 문맥**		**동작류**
완료상 원격성	+	비 - 순간/ 비 - 상태	+	격언을 허용	=	격언

현재완료 시제 형태와 과거완료 시제 형태

각각의 구절들에서 (1) 그 동사의 의미론적 의미에 대하여 쓰라. (2) 그 어휘소가 기여한 점에 대하여 진술하라. (3) 문맥 속에서 그 동사의 기능에 대하여 검토하라. 먼저 당신이 답을 다 쓴 후에 아래에 있는 각각의 구절들에 있는 빈 칸 속에 당신이 발견한 것들을 요약하라.

예문

요 7:27

ἀλλὰ τοῦτον **οἴδαμεν** πόθεν ἐστίν· ὁ δὲ χριστὸς ὅταν ἔρχηται οὐδεὶς γινώσκει πόθεν ἐστίν.

그러나 우리는 이 사람이 어디서 왔는지 **아노라** 그리스도께서 오실 때에는 어디서 오시는지 아는 자가 없으리라 하는지라

1. 동사의 의미론적 의미. 현재 완료 직설법은 의미론적으로 미완료상을 부호화한다. 그리고 강화된 근접성의 공간적인 값을 가진다.
2. 어휘소의 기여. 그 어휘소는 상태적이다.
3. 문맥에서의 기능. 그 문맥은 상태성을 허용한다.

1. 의미론		**2. 어휘소**		**3. 문맥**		**동작류**
미완료상 강화된 근접정	+	상태	+	상태성을 허용	=	상태

롬 1:17

δικαιοσύνη γὰρ θεοῦ ἐν αὐτῷ ἀποκαλύπτεται ἐκ πίστεως εἰς πίστιν, καθὼς **γέγραπται**· ὁ δὲ δίκαιος ἐκ πίστεως ζήσεται.

복음에는 하나님의 의가 나타나서 믿음으로 믿음에 이르게 하나니 **기록된 바** 오직 의인은 믿음으로 말미암아 살리라 함과 같으니라

1. 동사의 의미론적 의미. 현재 완료 직설법은 의미론적으로 미완료상을 부호화한다. 그리고 강화된 근접성의 공간적인 값을 가진다.

2. 어휘소의 기여. 그 어휘소는 타동사이다.
3. 문맥에서의 기능. 그 문맥은 상태성을 제안한다.

1. 의미론		**2. 어휘소**		**3. 문맥**		**동작류**
미완료상 강화된 근접정	+	타동사	+	상태성을 허용	=	상태

요 7:30

Ἐζήτουν οὖν αὐτὸν πιάσαι, καὶ οὐδεὶς ἐπέβαλεν ἐπ᾽ αὐτὸν τὴν χεῖρα, ὅτι **οὔπω ἐληλύθει** ἡ ὥρα αὐτοῦ.

그들이 예수를 잡고자 하나 손을 대는 자가 없으니 이는 그의 때가 **아직 이르지 아니하였음이러라**

1. 동사의 의미론적 의미. 과거 완료 직설법은 의미론적으로 미완료상을 부호화한다. 그리고 강화된 원격성의 공간적인 값을 가진다.
2. 어휘소의 기여. 그 어휘소는 자동사이다.
3. 문맥에서의 기능. 그 문맥은 대과거 시간 지시를 표현한다.

1. 의미론		**2. 어휘소**		**3. 문맥**		**동작류**
미완료상 강화된 근접정	+	자동사	+	대과거	=	대과거

요 16:11

περὶ δὲ κρίσεως, ὅτι ὁ ἄρχων τοῦ κόσμου τούτου **κέκριται**.

심판에 대하여라 함은 이 세상 임금이 심판을 **받았음이라**

1. 동사의 의미론적 의미. 현재 완료 직설법은 의미론적으로 미완료상을 부호화한다. 그리고 강화된 근접성의 공간적인 값을 가진다.
2. 어휘소의 기여. 그 어휘소는 순간도 아니고 상태도 아니다.
3. 문맥에서의 기능. 그 문맥은 진행을 허용한다.

1. 의미론		**2. 어휘소**		**3. 문맥**		**동작류**
미완료상 강화된 근접정	+	비 - 순간/ 비 - 상태	+	과거 지시	=	역사적 현재완료

요 1:15

Ἰωάννης μαρτυρεῖ περὶ αὐτοῦ καὶ **κέκραγεν** λέγων· οὗτος ἦν ὃν εἶπον·

요한이 그에 대하여 증언하여 **외쳐 이르되** 내가 전에 말하기를 내 뒤에 오시는 이가 나보다 앞선 것은 나보다 먼저 계심이라 한 것이 이 사람을 가리킴이라 하니라

1. 동사의 의미론적 의미. 현재 완료 직설법은 의미론적으로 미완료상을 부호화한다. 그리고 강화된 근접성의 공간적인 값을 가진다.
2. 어휘소의 기여. 그 어휘소는 담화를 도입한다.
3. 문맥에서의 기능. 그 문맥은 과거를 지시한다.

1. 의미론		2. 어휘소		3. 문맥		동작류
미완료상 강화된 근접정	+	담화 도입	+	과거지시	=	역사적 현재완료

롬 8:38

πέπεισμαι γὰρ ὅτι οὔτε θάνατος οὔτε ζωὴ οὔτε ἄγγελοι οὔτε ἀρχαὶ οὔτε ἐνεστῶτα οὔτε μέλλοντα οὔτε δυνάμεις

내가 확신하노니 사망이나 생명이나 천사들이나 권세자들이나 현재 일이나 장래 일이나 능력이나

1. 동사의 의미론적 의미. 현재 완료 직설법은 의미론적으로 미완료상을 부호화한다. 그리고 강화된 근접성의 공간적인 값을 가진다.
2. 어휘소의 기여. 그 어휘소는 상태이다.
3. 문맥에서의 기능. 그 문맥은 상태성을 허용한다.

1. 의미론		2. 어휘소		3. 문맥		동작류
미완료상 강화된 근접정	+	상태	+	상태성 허용	=	상태

마 7:25

καὶ κατέβη ἡ βροχὴ καὶ ἦλθον οἱ ποταμοὶ καὶ ἔπνευσαν οἱ ἄνεμοι καὶ προσέπεσαν τῇ οἰκίᾳ ἐκείνῃ, καὶ οὐκ ἔπεσεν, **τεθεμελίωτο** γὰρ ἐπὶ τὴν πέτραν.

비가 내리고 창수가 나고 바람이 불어 그 집에 부딪치되 무너지지 아니하나니 이는 주추를 반석 위에 **놓은** 까닭이요

1. 동사의 의미론적 의미. 과거 완료 직설법은 의미론적으로 미완료상을 부호화한다. 그리고 강화된 원격성의 공간적인 값을 가진다.
2. 어휘소의 기여. 그 어휘소는 타동사이다.
3. 문맥에서의 기능. 그 문맥은 상태성을 함의한다.

1. 의미론		**2. 어휘소**		**3. 문맥**		**동작류**
미완료상 강화된 원격성	+	타동사	+	상태성을 함의	=	상태

요 19:30

ὅτε οὖν ἔλαβεν τὸ ὄξος [ὁ] Ἰησοῦς εἶπεν· **τετέλεσται**, καὶ κλίνας τὴν κεφαλὴν παρέδωκεν τὸ πνεῦμα.

예수께서 신 포도주를 받으신 후에 이르시되 **다 이루었다** 하시고 머리를 숙이니 영혼이 떠나가시니라

1. 동사의 의미론적 의미. 현재 완료 직설법은 의미론적으로 미완료상을 부호화한다. 그리고 강화된 근접성의 공간적인 값을 가진다.
2. 어휘소의 기여. 그 어휘소는 타동사이다.
3. 문맥에서의 기능. 그 문맥은 상태성을 제안한다.

1. 의미론		**2. 어휘소**		**3. 문맥**		**동작류**
미완료상 강화된 근접정	+	타동사	+	상태성을 함의	=	상태

요 20:11

Μαρία δὲ **εἱστήκει** πρὸς τῷ μνημείῳ ἔξω κλαίουσα.
ὡς οὖν ἔκλαιεν, παρέκυψεν εἰς τὸ μνημεῖον

마리아는 무덤 밖에 **서서** 울고 있더니 울면서 구부려 무덤 안을 들여다보니

1. 동사의 의미론적 의미. 과거 완료 직설법은 의미론적으로 미완료상을 부호화한다. 그리고 강화된 원격성의 공간적인 값을 가진다.
2. 어휘소의 기여. 그 어휘소는 상태이다.
3. 문맥에서의 기능. 그 문맥은 상태성을 허용한다.

1. 의미론		**2. 어휘소**		**3. 문맥**		**동작류**
미완료상 강화된 언격성	+	상태	+	상태성을 허용	=	상태

더 많은 분사들

각각의 분사 구문들이 우언적 분사, 형용사적 분사, 실명사적 분사, 부대상황의 분사인지 답을 적어라. 그 다음에 그 분사의 상을 확인하고 그 상이 문맥 속에서 어떤 일을 하는지 기술하라.

예문

요 16:5

Νῦν δὲ ὑπάγω πρὸς τὸν **πέμψαντά** με, καὶ οὐδεὶς ἐξ ὑμῶν ἐρωτᾷ με· ποῦ ὑπάγεις;

지금 내가 나를 **보내신 이**에게로 가는데 너희 중에서 나더러 어디로 가는지 묻는 자가 없고

1. 이 분사는 우언적 분사, 형용사적 분사, 실명사적 분사, 부대상황의 분사 중에서 어떤 것인가? 이 분사는 실명사적이다.
2. 상적인 값은 무엇인가? 이 부정과거 분사는 상에서는 완료 상이다.
3. 이 분사가 문맥 속에서 어떤 기능을 하는가? 이 실명사적 분사는 과거 시간 지시의 뉘앙스를 전달한다.

요 5:2

Ἔστιν δὲ ἐν τοῖς Ἱεροσολύμοις ἐπὶ τῇ προβατικῇ κολυμβήθρα ἡ **ἐπιλεγομένη** Ἑβραϊστὶ Βηθζαθὰ πέντε στοὰς ἔχουσα.

예루살렘에 있는 양문 곁에 히브리 말로 베데스다**라 하는** 못이 있는데 거기 행각 다섯이 있고

1. 이 분사는 우언적 분사, 형용사적 분사, 실명사적 분사, 부대상황의

분사 중에서 어떤 것인가? 이 분사는 형용사적이다.
2. 상적인 값은 무엇인가? 이 현재 분사는 상에서는 미완료상이다.
3. 이 분사가 문맥 속에서 어떤 기능을 하는가? 이 형용사적 분사는 그것이 수식하는 명사를 기술한다.

눅 16:6

ὁ δὲ εἶπεν· ἑκατὸν βάτους ἐλαίου. ὁ δὲ εἶπεν αὐτῷ· δέξαι σου τὰ γράμματα καὶ **καθίσας** ταχέως γράψον πεντήκοντα.

말하되 기름 백 말이니이다 이르되 여기 네 증서를 가지고 빨리 **앉아** 오십이라 쓰라 하고

1. 이 분사는 우언적 분사, 형용사적 분사, 실명사적 분사, 부대상황의 분사 중에서 어떤 것인가? 이 분사는 부대상황의 분사이다.
2. 상적인 값은 무엇인가? 이 부정과거 분사는 상에서는 완료상이다.
3. 이 분사가 문맥 속에서 어떤 기능을 하는가? 이 분사는 명령법을 전달한다.

요 13:23

ἦν **ἀνακείμενος** εἷς ἐκ τῶν μαθητῶν αὐτοῦ ἐν τῷ κόλπῳ τοῦ Ἰησοῦ, ὃν ἠγάπα ὁ Ἰησοῦς.

예수의 제자 중 하나 곧 그가 사랑하시는 자가 예수의 품에 의지하여 **누웠는지라**

1. 이 분사는 우언적 분사, 형용사적 분사, 실명사적 분사, 부대상황의 분사 중에서 어떤 것인가? 이 분사는 미완료과거 우언적 용법을 형성한다.

2. 상적인 값은 무엇인가? 이 현재 분사는 상에서는 미완료상이다.
3. 이 분사가 문맥 속에서 어떤 기능을 하는가? 이 분사는 미완료과거 우언적 용법의 의미를 제공하기 위해서 미완료과거 조동사와 함께 결합한다.

롬 7:14

Οἴδαμεν γὰρ ὅτι ὁ νόμος πνευματικός ἐστιν, ἐγὼ δὲ σάρκινός εἰμι **πεπραμένος** ὑπὸ τὴν ἁμαρτίαν.

우리가 율법은 신령한 줄 알거니와 나는 육신에 속하여 죄 아래에 **팔렸도다**

1. 이 분사는 우언적 분사, 형용사적 분사, 실명사적 분사, 부대상황의 분사 중에서 어떤 것인가? 이 분사는 형용사적이다.
2. 상적인 값은 무엇인가? 이 현재완료 분사는 상에서는 미완료상이다.
3. 이 분사가 문맥 속에서 어떤 기능을 하는가? 이 형용사적 분사는 과거 시간 지시의 뉘앙스를 전달한다(추진 동사와 함께).

행 5:5

ἀκούων δὲ ὁ Ἁνανίας τοὺς λόγους τούτους **πεσὼν** ἐξέψυξεν, καὶ ἐγένετο φόβος μέγας ἐπὶ πάντας τοὺς ἀκούοντας.

아나니아가 이 말을 듣고 **엎드러져** 혼이 떠나니 이 일을 듣는 사람이 다 크게 두려워하더라

1. 이 분사는 우언적 분사, 형용사적 분사, 실명사적 분사, 부대상황의 분사 중에서 어떤 것인가? 이 분사는 부대상황적 분사이다.

2. 상적인 값은 무엇인가? 이 부정과거 분사는 상에서는 완료상이다.
3. 이 분사가 문맥 속에서 어떤 기능을 하는가? 이 분사는 부정과거 직설법의 효력을 전달한다.

요 3:24

οὔπω γὰρ ἦν **βεβλημένος** εἰς τὴν φυλακὴν ὁ Ἰωάννης.

요한이 아직 옥에 **갇히지** 아니하였더라

1. 이 분사는 우언적 분사, 형용사적 분사, 실명사적 분사, 부대상황의 분사 중에서 어떤 것인가? 이 분사는 과거완료 우언적 용법을 형성한다.
2. 상적인 값은 무엇인가? 이 현재완료 분사는 상에서는 미완료상이다.
3. 이 분사가 문맥 속에서 어떤 기능을 하는가? 이 실명사적 분사는 과거 시간 지시의 뉘앙스를 전달한다.

막 14:69

καὶ ἡ παιδίσκη ἰδοῦσα αὐτὸν ἤρξατο πάλιν λέγειν τοῖς **παρεστῶσιν** ὅτι οὗτος ἐξ αὐτῶν ἐστιν.

여종이 그를 보고 곁에 **서 있는** 자들에게 다시 이르되 이 사람은 그 도당이라 하되

1. 이 분사는 우언적 분사, 형용사적 분사, 실명사적 분사, 부대상황의 분사 중에서 어떤 것인가? 이 분사는 실명사적이다.
2. 상적인 값은 무엇인가? 이 현재완료 분사는 상에서는 미완료상이다.
3. 이 분사가 문맥 속에서 어떤 기능을 하는가? 이 분사는 같은 시간 지시의 뉘앙스를 전달한다.

성경 색인

사도행전

로마서

주제 색인

성경헬라어 동사 상의 기초

2017년 9월 15일 초 판 1쇄 인쇄
2017년 9월 25일 초 판 1쇄 발행

지은이 • 콘스탄틴 캠벨(Constantine R. Campbell)
옮긴이 • 이 상 일
펴낸이 • 조 경 혜

도서출판 그리심
07030 서울시 동작구 사당로2길 72 인정 인정 B동 b-01
등록번호 • 제 7-258호(1998. 4. 23)
출 판 사 • 전화 (02) 523-7589 팩스 523-7590
홈페이지 • http://grisim.biz
전자우편 • grisimcho@hanmail.net

ISBN 978-89-5799-392-7 (93230)